料理の基本をマスターし、
食と健康の基礎を学ぶ

栄養と調理技能検定
公式ガイド

3級

監修／香川明夫（栄養と調理技能検定会長）
編／栄養と調理技能検定専門委員会

女子栄養大学出版部

はじめに

栄養と調理技能検定3級の
世界にようこそ！

　だれもが健康で充実した毎日を過ごしたいと願っています。そのためには日々の食事をたいせつにすることがとても重要です。

　「食は生命なり」——これは、栄養と調理技能検定をスタートさせた香川綾の言葉です。私たちは、食べたり飲んだりすることによって、食物から体をつくるための栄養をとり入れエネルギーをつくり出しています。そして、おいしくくふうした料理をだれかといっしょに楽しく食べたいと願っています。それは、食事が「体」だけではなく、「心」も育てるということのあらわれです。体と心が元気で、病気にならないためには、「なにをどれだけ食べればよいか」を理解して、よりよい食べ方を選択し、しっかりとした食事をとることが大切です。

　栄養と調理技能検定は、学んだことが日々の生活に役立つ検定です。

　3級は、知識理解などを問う「知識試験」と調理技能を問う「実技試験」に分かれています。どちらもたいせつな学びです。食生活と栄養検定初・中級の知識をさらに深めたうえで、実際の実技試験が加わります。調理をするうえでの基礎的な技能を身につけたうえで、比較的簡単な手順で作ることができる料理に挑戦します。

　本書では、食事を作るために必要な調理技能についてもくわしく説明しています。日々の食事を楽しめるようにレシピもたくさん紹介しています。しかし、調理技能は本を読むだけでは身につきません。実際に作って味わう、それを繰り返すことがたいせつです。

　もう一つ、3級の大きな特色は、科学的な調理の考え方を学ぶことです。

4つの食品群の考え方を用いて、材料から献立をたてる方法、「調味パーセント」という数値化した調味割合を利用して味つけを学ぶこと、はかりや「計量カップ・スプーン」を使って材料や調味料を計量することなど、数字をたいせつにしながら科学的に調理をとらえていきます。さらに、食品の栄養と体の働きとの関係、調理による食品の性質の変化、おいしい調理のコツなどについても科学的に知ることができます。

　また、安全で衛生的な調理をするための基本的な知識を身につけます。調理前の手洗い、食品の適切なとり扱い、衛生的な身支度など、食中毒についての危険性やその対策も学びます。環境に留意した調理とはなにかについてもとり組みます。それぞれの料理には歴史や文化的な背景があります。料理を盛りつける器も食べるときに使う食具も、長い時間のなかで作り上げられ、現在の食卓に上がっています。料理や食習慣はそれぞれの国や地域、その場所に応じて受け継がれ、変遷しているのです。食文化は奥の深いフィールドですが、その入り口にもふれます。

　3級は、初・中級を学んだうえで、より深く、より広く食についての知識を身につけたい方、実際の調理力を身につけたい方、将来、食について学びたい、食の分野で働きたいと思っている方、家族の食事作りに心配りをする方など、さまざまな方にチャレンジしていただきたい級です。この検定を通して、心豊かで健康な毎日を過ごすことができるようにと願っています。

栄養と調理技能検定会長　香川明夫

もくじ

はじめに …… ii

栄養と調理技能検定3級の概要と対策 …… vi

調理の技能ページの見方 …… vii

栄養と調理技能検定3級　審査基準 …… viii

Chapter 1
調理の技能

1 計量器具とはかり方
1／計量に使う道具 …… 2
2／計量スプーンの使い方 …… 3

2 切り方の基本
1／包丁の種類と扱い方 …… 4

3 基礎技能の練習
1／皮むき
　1）じゃが芋の皮むき …… 6
　2）りんごの皮の縦むき …… 8
2／輪切り
　1）きゅうりの輪切り …… 10
3／いちょう切り
　1）大根のいちょう切り …… 12

4 調理技能の練習
1／卵料理
　1）目玉焼き …… 14
　2）洋風いり卵 …… 15
2／野菜いため
　1）キャベツのいため物 …… 16
　2）青菜のいため物 …… 18
　3）もやしとハムのいため物 …… 19
3／サラダ、お浸し
　1）ブロッコリーのサラダ …… 20
　2）じゃが芋のサラダ …… 21
　3）ほうれん草のお浸し …… 22
4／汁物
　1）かきたま汁 …… 24
　2）大根のみそ汁 …… 26

Chapter 2
食生活と栄養

1 食生活と社会の関わり
1／私たちの生活と食
　　── 食べることの意味 …… 28
2／私たちの健康と食
　　── 健康によい食習慣 …… 30

2 なにをどれだけ食べればよいか
1／栄養素の種類とその働き …… 34
2／日本人の食事摂取基準 …… 40
3／食品群と食品構成 …… 43
4／食事の構成 …… 53
5／1日分の献立作成 …… 60

3 日本の食文化
1／日本の食文化 …… 64
2／季節の料理 …… 69
3／盛りつけと配膳の基本 …… 71

Chapter 3
調理と衛生

1 調理法の基本
1／調理方法 …… 78
2／調理器具 …… 84

2 食品の性質と調理による変化
1／食品の特徴と調理変化 …… 87
2／調味料と調味の割合 …… 112

3 衛生的な食事
1／家庭の調理における
　　衛生管理の基本 …… 121
2／食中毒の原因と予防 …… 125
3／食品の表示 …… 130
4／環境に留意した調理 …… 132

索引 …… 136

参考資料──2級・準1級・1級 審査基準 …… 141

▶ 栄養と調理技能検定３級の概要と対策

　検定は、知識試験（一次）と実技試験（二次）に分かれています。個人受験はCBTテストセンターでCBT（コンピュータを使った試験）を、団体受験は団体会場でIBT（インターネット試験）を受験し、合格者が実技試験に進みます。実技試験は調理実習室のある会場で実施します。実技試験に合格すると、３級資格を取得できます。

　学歴・年齢・性別等の受験制限はありませんが、３級は高校生〜大学・短大・専門学校の１年生レベルが目安となります。

　試験は、p. viiiの審査基準に沿って出題されます。審査基準には、「健康で安全な食生活で求められる知識をもって、初歩的な『切る』、『むく』および、基本的な日常の料理を作ることができる」が目標としてかかげられています。

　受験についてのくわしい情報、資料請求などは、栄養と調理技能検定のホームページをご覧ください。また、お問い合わせは、次までお願いします。

　　栄養と調理技能検定事務局　　　https://www.ryouken.jp
　　　170-8481　東京都豊島区駒込3-24-3
　　　電話　03-3917-8230

▶ 知識試験（一次）対策

　知識試験は、審査基準に沿って出題されます。大きく「食生活と栄養」「調理と衛生」の２つの分野に分かれています。

　本書では、chapter2／食生活と栄養（p.27〜76）、chapter3／調理と衛生（p.77〜135）にあたります。どちらから勉強してもかまいません。

　まずは本書の内容をしっかり読んで、全体の内容をつかみ、さらに苦手なところや重要と思われる箇所をチェックしていきましょう。ノートに書き出して、自分なりにまとめ直してみるのもよいでしょう。

　３級の知識試験は60問45分で、３〜４つの選択肢から１つを選ぶ方式です。内容をある程度理解できたら、ホームページにある標準問題で力を試してみましょう。

▶ 実技試験（二次）対策

　実技試験は、審査基準の「実技」に沿って出題されます。大きく「基礎技能」「調理技能」の２つの分野に分かれています。本書では、chapter1／調理の技術（p.1〜26）にまとめてあります。「基礎技能」は初歩的な包丁操作である「切る」「むく」ができること、「調理技能」は日常の食事に必要な単品の料理ができること、がそれぞれの目標です。

　実技試験は、「基礎技能」「調理技能」から１問ずつ出題されますが、その年度の試験問題は、事前に（４月ごろ）ホームページで公表されます。それを確認して、公表された問題を中心に練習しましょう。公表問題以外の課題についてもできるだけマスターできるように練習すると力がつきます。

　練習を行なう前に、まずは包丁の状態を見ましょう。包丁の切れぐあいをチェックし、よくといでおきます。包丁が切れないと美しい切り方はできませんので、定期的なメンテナンスが必要です。

　本書では、合格のためのチェックポイントや注意点を細かく説明しています。一つひとつていねいに読み、なんどもくり返し練習することが合格への近道です。初めのうちは制限時間を計らずにゆっくりていねいに練習し、慣れてきたら時間内に収まるかどうか、かかった時間を計ってみましょう。ホームページでは動画も紹介しています。

調理の技能ページの見方

基礎技能の練習

- A 試験の条件：どのような材料をどんな形に何分以内で仕上げるか
- B 合格写真
- C 合格のためのチェックポイント
- D 不合格写真
- E 注意点を示す
- F 切り方の手順：作業の順を追って写真やイラストでていねいに解説

調理技能の練習

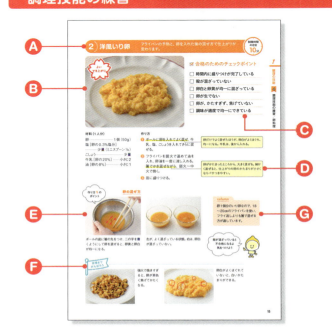

- A 料理名と制限時間の目安
- B 合格写真
- C 合格のためのチェックポイント
- D 手順の中の注意点やコツを示す
- E 作り方のポイントを示す
- F 不合格写真
- G column：覚えておくとよいプラス情報

栄養と調理技能検定3級　審査基準

 健康で安全な食生活で求められる知識をもって、初歩的な「切る」、「むく」および、基本的な日常の料理を作ることができる

	領域	内容	出題範囲
知識試験（一次）	食生活と栄養	食生活と社会・環境との関わりを知っている	私たちの生活と食生活との関わり
			私たちの健康と食生活の課題
		健康の維持に必要な栄養を理解し、何をどれだけ食べればよいかを知っている	栄養素の種類とその働き
			日本人の食事摂取基準
			食品の分類 　4つの食品群
			食事の構成 　主食・主菜・副菜と料理の一皿分の適量
			1日分の献立作成
		日本の食文化を理解している	日本の食文化
			季節の料理
			盛りつけと配膳の基本
	調理と衛生	基本的な調理方法を理解している	切る、ゆでる、煮る、蒸す、焼く、いためる、揚げる、炊飯、だしのとり方、寄せる
			調理器具の扱い方、加熱調理機器等の特徴
		食品の特徴と調理による変化を理解している	穀類、肉類、魚介類、卵類、乳類、野菜類、芋類、果物類、油脂類　他
			調味料と調味の割合
		食事を衛生的に整えるための基礎的内容を理解している	衛生的な調理
			食中毒の原因と予防
			食品の表示
			環境に留意した調理
実技試験（二次）	基礎技能	初歩的な包丁操作「切る」「むく」ができる	輪切り 　輪切りができる
			半月切り 　半月切りができる
			いちょう切り 　いちょう切りができる
			皮むき 　食品形状に合わせて、皮むきができる
	調理技能	日常の食事に必要な単品の調理ができる	基本的な単品料理の作成 　生や焦げのない加熱状態に仕上げられる 　適切な調味ができる 　衛生的に調理ができる

Chapter 1

調理の技能

3級の基本的な調理技能をくわしく説明しています。
料理はどんどん練習することがたいせつ。
ここで紹介する料理を作ることができるようになれば、
3級はばっちり！

レシピの見方

- 1カップは200mL、大さじ1は15mL、小さじ1は5mL、ミニ（ミニスプーン）1は1mL。
- レシピの分量は、正味重量（下処理した後の重さ）。
- 塩は食塩（小さじ1＝6g）を用いた分量。塩1g以下は「少量」とし、ミニスプーンを併記した。

Chapter 1

1 計量器具とはかり方

1 計量に使う器具

おいしく、むだなく調理するために、計量はたいせつです。いろいろな食材をはかって目安量を知りましょう。

1) 重量をはかる

はかりを使うときは次のような点に気をつけましょう。
- 使う前に、最小何g、最大何kgまではかれるか確認する。
- 水平で安定した平面に置く。
- 皿やボールは、その重さを全体の重さから引く。
- 重いものをはかるときは、はかりの最大量を超えないように注意する。
- ぬれたものやよごれたものをのせない。
- コンロの近くに置かない。
- はかる食材などをはかりからはみ出させない。
- 熱いものをはかるときは、かわいたふきんなどを敷く。

［上皿自動ばかりの場合］
- 0調整ねじで指針を0に合わせる。
- 正面から目盛りを読む。
- 上皿ばかりを移動させるときは本体を持つ。皿を持つと本体を落下させる危険性もある。強い衝撃は故障の原因になるので、材料は静かにのせる。

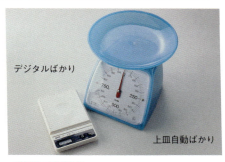

デジタルばかり
数値で表示されるので見やすい。風袋（容器）の重さを自動的に差し引いて計量できる。最小単位が0.5gや1g単位で計量できるものがある。

上皿自動ばかり
最大量が1～2kgで、最小量が5～10gの単位のものが使いやすい。

2) 容量をはかる

少量の液体や粉状のものをはかるには、計量カップ・スプーンを使います。粉状の調味料などをはかるときに使用するすり切りへらは、大さじ、小さじ、ミニスプーンのそれぞれのカーブに対応しています。1～2人分の料理を作るときや、健康のためにうす味の料理を作るには、ミニスプーン（1mL）が役立ちます。

計量カップ 200mL
大さじ 15mL
小さじ 5mL
ミニスプーン 1mL
すり切りへら

3) 温度をはかる

温度計には、棒状のものやなべに固定できるタイプがあります。
- アルコール温度計：湯の温度やパン生地の発酵温度をはかったりするのに使う。
- 固定式温度計：揚げ油を適温に保つときなどに便利。
- デジタル式温度計：－50～250℃がはかれるものもある。

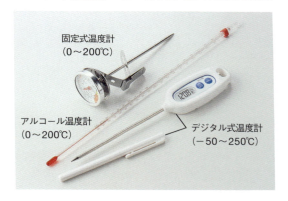

固定式温度計（0～200℃）
アルコール温度計（0～200℃）
デジタル式温度計（－50～250℃）

2 計量スプーンの使い方

1) 正しい使い方

固体
粉状のものはかたまりがないようにし、ふんわりとすくい上げ、すり切りへらで水平にすり切る。

液体
カップ・スプーンの内径いっぱいに満たすように入れる。表面張力で盛り上がる状態。

½量　⅓量　¼量　　　½量　⅓量

※深さの½より多めに入れる。

2) はかり方のわるい例

山盛りにすくって、へらですり切らない。　へらで押さえる。　かたまりが混じっている。　液体がくぼんでいる（1杯をはかるとき）。

3) 標準計量カップ・スプーンによる重量表

食品名	小さじ (5mL)	大さじ (15mL)	カップ (200mL)
水・酢・酒	5	15	200
しょうゆ・みりん	6	18	230
みそ	6	18	230
あら塩（並塩）	5	15	180
食塩・精製塩	6	18	240
砂糖（上白糖）	3	9	130
小麦粉	3	9	110
かたくり粉	3	9	130
油・バター	4	12	180
マヨネーズ	4	12	190

- 大さじは小さじの3倍、ミニスプーンは小さじの⅕と覚えよう。
- あら塩（並塩）とは、天然塩などの水分の多いしっとりした塩のこと。
- 塩は、あら塩と食塩・精製塩で、粒子の大きさや水分量が違い、スプーンに入る量が違う。
- 小さじ⅕＝ミニスプーン1＝1mL
  食塩の場合、ミニスプーン1＝1.2g

Chapter 1
2 切り方の基本

1 包丁の種類と扱い方

包丁は調理には欠かせない器具ですが、使い方を誤ると危険です。まな板とあわせて正しい扱い方を覚えましょう。

1) 包丁の種類

洋包丁

1 ペティナイフ
小型の洋包丁。皮むきや面とり、小さい食材を切るときなどに向く。両刃。

2 牛刀
洋風の包丁で、一般的に使われている。野菜・肉・魚などいろいろな食材に使える万能包丁。両刃で刃先がとがっている。

和包丁

3 三徳包丁（文化包丁）
牛刀と同様に、両刃で食材を選ばない万能包丁。

4 出刃包丁
片刃で厚みがあり、重い。魚をおろしたりかたいものを切るのに向く。

5 刺身包丁（柳刃包丁）
片刃で刃渡りが長い。やわらかい魚の身を1回で切り分けられる。

※包丁には両刃と片刃がある。両刃は刃の断面の両側がほぼ同一角度のもの、片刃は刃の断面の片面がほぼ平面で、もう片面が凸面のもの。片刃は右きき、左きき用で刃がついている面が違う。

表2-1 包丁の材質

材質	特徴
鋼（はがね）	切れ味がよく、切れ味が長持ちするがさびやすい。
ステンレス	さびにくく手入れが楽で扱いやすい。
セラミック	さびにくく手入れが楽だが、かけやすい。

初めての包丁はステンレス製の洋包丁が使いやすくておすすめ！

2) 包丁の扱い方

- 刃先を人に向けない。
- 人に渡すときは、台の上に置いて渡す。
- 手に持ったまま歩き回らない。ふり向かない。
- 不安定な場所に置かない。
- 包丁を1つのまな板で2人同時に使わない。
- 使ったら、すぐ洗う。

洗い方
流しの平らなところに置き、刃元から刃先に向かい、スポンジでなでるように、片面ずつ洗う。洗浄後は、かわいたふきんで水けをよくふきとる。

3) まな板の扱い方

- 木のまな板は、切る前にはまな板をぬらし、水けをよくふきとってから使う。
- まな板の上は常にきれいに保つ。
- 肉や魚用、野菜用を決めておき、使い分ける。2枚準備できないときは、表面・裏面で使い分ける。
- 使ったらそのつど、よごれを洗い流し、水けをふきとる（まな板がぬれていると、食品が滑って危ないため）。
- 肉・魚用は毎回、野菜用は数回使用した後、漂白剤等で消毒することで、食中毒の予防になる。

4) 包丁の部位と使い方

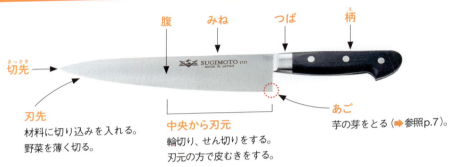

切先

刃先
材料に切り込みを入れる。
野菜を薄く切る。

腹

みね

中央から刃元
輪切り、せん切りをする。
刃元の方で皮むきをする。

つば

柄

あご
芋の芽をとる（➡参照p.7）。

柄をしっかり握る。

切るときは、人差し指をみねにあててもよい。
※皮をむくときは、人差し指をみねにあてない（➡参照p.6）。

みね

※左手で持つ場合

こぶし1つ分、調理台から離れる。台に寄りかからない。

包丁を持つ手の側の足を一歩引く。足は肩幅と同じくらいに開く。

※調理台に対してまっすぐ立ったり、寄りかかったりすると、うまく切れない。

これはNG！

✗ 親指がみねにあたっている。

✗ 握る位置が端すぎる。

- 包丁の握り方と材料に添える手のあて方は、切り方やむき方によって異なる。基礎技能の練習（➡参照p.6-13）を確認する。
- 包丁は真下に押し切るのではなく、前にスライドさせるように切る（➡参照p.11）。

Chapter 1 - 3 基礎技能の練習

条件をよく読み、時間をはかって練習しよう

1 皮むき

食べられない部分を除いたり、食べやすくしたりする目的で、皮をむきます。食品の形は均一ではないため、それぞれの食品に合わせてむだなくむきましょう。また、むき残しのないようにすることがたいせつです。きれいにむくと、料理がいっそうおいしそうに見えます。

1) じゃが芋の皮むき

じゃが芋1個（120〜150g）の皮をむく。

制限時間の目安 **4分**

よいでき上がり

☑ 合格のためのチェックポイント

- ☐ 時間内に全量がむけている
- ☐ 皮が残っていない
- ☐ 芽がきちんととれている
- ☐ じゃが芋の形に合わせてむけている
- ☐ 皮を厚くむきすぎて、じゃが芋が小さくなっていない
- ☐ むいた面がガタガタしていない

皮をむいたら水に浸けよう（➡参照 p.108「下処理」）

合格までがんばろう

左は、皮が厚すぎてじゃが芋が小さくなっている。右は、皮が残っている。

左は、芽をとる際に必要以上にとっている。右は、芽がとれていない。

包丁の持ち方 check

よい持ち方。包丁の柄をしっかり握り、じゃが芋の皮と刃が接する部分に親指をあてる。

よくない持ち方。人差し指がみねにかかっていると、包丁をなめらかに動かすことができない。

切り方の手順

準備（制限時間外）

たわしでよく洗って、くぼみ（芽の部分）にある土をよく落としましょう。水けがあると、滑って危険なので、洗った後は水けをふきとります。

水をためたボールの中でよく洗い、最後に水で流す。

皮をむく（ここから4分）

じゃが芋は、丸いもの、縦に長いもの、でこぼこしたものなどがあり、均一な形ではありません。それぞれの形に合わせ、むきやすい方法でむきましょう。縦方向にむくことが多いですが、縦むきと横むきを組み合わせてもよいです。皮の緑がかっている部分には、ソラニンという有毒物質が含まれます。皮が緑がかっている場合は、厚めにむいて充分にとり除きましょう。

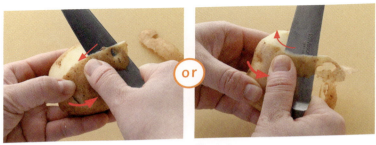

縦にむく。　　　横にむく。

包丁の刃を親指に引き寄せるようにして動かす。それに合わせて、じゃが芋を持つ手で芋を右側にゆっくりと回転させていく。
包丁を持つ手は、人差し指の先が刃元の下にくるようにする。指先を包丁のみねにあてない。

芽をとる（くぼみの皮をとる）

包丁のあごを芽のくぼみにあてて、親指をそえて芋を回すようにして取ります。芽の部分には有毒物質のソラニンが含まれているので、とり残さないように。

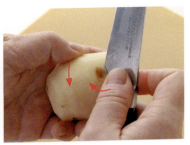

包丁の持ち方。
包丁の柄をしっかりと握り込む。

芽のとり方。
包丁のあごを芽のくぼみにあてて、じゃが芋を回す。

親指は芽のくぼみに添える。

皮がむけたら、いちょう切りにしてゆで、サラダを作ってみよう
➡ 参照 p.21
「ゆでじゃが芋のサラダ」

1 調理の技能　3 基礎技能の練習／皮むき

2) りんごの皮の縦むき りんご¼個を縦2等分に切り、皮を縦にむく。

制限時間の目安 **3分**

よいでき上がり

☑ 合格のためのチェックポイント

- ☐ 時間内に全量がむけている
- ☐ 皮が残っていない
- ☐ 縦2つに均等に切れている
- ☐ 芯と種がとれている
- ☐ 皮が縦にむけている
- ☐ 皮を厚くむきすぎて、りんごが小さくなっていない
- ☐ むいた面がガタガタしていない

合格まではがんばろう

2等分の切り分け方が不均一。

左は、芯と種がとれていない。
右は、芯と種をとる際に必要以上にとっている。

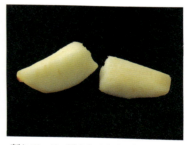
割れている。種をとるとき、包丁を深く入れすぎたり、芯と種を必要以上にとると、割れやすい。

左は、皮が厚すぎる。
右は、皮が残っている。

むいた面がガタガタしている。

包丁の持ち方check

よい持ち方。
- 包丁の柄の近くを握る。
- 親指は包丁の刃の近くにあてる。

切り方の手順

準備（制限時間外） よく洗って水けをふき、4等分に切りましょう。

まず縦2等分に切る。
上下のくぼみの位置をよく確認し、曲がらないようにまっすぐに切る。

切り口を下にして縦2等分に切る。
包丁は前にスライドさせるように動かす。

ここから3分 **¼個を縦2等分に切る**

2等分になるよう、よく確認して切る。

皮がむけたら、お皿に盛りつけてみよう。きれいにむけていると、おいしそうに見えるよ

芯をとる きき手の親指を芯の部分にあてて、包丁を親指に寄せるようにして切ります。

1. 包丁の入れ始め。包丁の柄をしっかり握り、きき手の親指を芯に添える。刃はりんごにそって親指に引き寄せる。
2. 芯に向かって包丁を入れる。りんごを刃に近づけるように動かしながら、種の下あたりまで包丁を入れる。
3. りんごを持ちかえて、反対側も同様に。
4. 包丁を手前に起こし、芯をはずす。

皮をむく 包丁を握って、刃をきき手の親指に引き寄せるようにしてむきます。

親指は刃から少し離し、りんごにあてる。

1. 刃をきき手の親指に引き寄せるようにしてりんごの丸みにそってむく。
2. 2〜3列に分けてむく。
3. 残った部分。むき残しがないようにむく。

2 輪切り

料理によって、薄いほうがおいしい場合、厚みがあるほうがおいしい場合があります。料理に合わせた厚さに切れるようになりましょう。また、酢の物などにするときに調味料のしみ込み具合が均一になるように、形と厚さがそろうように切ることもポイントです。

1) きゅうりの輪切り

きゅうり1/2本を、厚さ4mm以下にそろえて切る。

制限時間の目安 1分30秒

よいでき上がり

☑ 合格のためのチェックポイント

- ☐ 時間内に全量が切れている
- ☐ 一枚一枚が切り離されている
- ☐ 4mm以下に切れている
- ☐ 切り口が円形である
- ☐ 上下の厚さがそろっている
- ☐ 全体の厚さがそろっている

合格までがんばろう

左は、7〜8mmあり厚すぎる。
中央は、断面が円形になっていない。
右は、上下の厚さが違う。

全体の厚さがそろっていない。

輪切り1枚1枚が切り離されていない。

つながっている（下まで切れていない）。

参考

小口切り

斜め薄切り

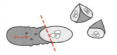
乱切り

※ ⟷ は野菜の繊維の方向を示す。

切り方の手順

準備（制限時間外）

まず、立ち方を確認しましょう。（➡参照p.5）きゅうりは、よく洗って水けをふき、2等分に切りましょう。包丁の持ち方は、2とおりあります。自分が持ちやすい方法で。

包丁の持ち方check

包丁の柄をしっかり握る。この持ち方は、早く切る動作がしやすく、かたい食材を切るときにも向く。

人差し指をみねにあてる。柄の前のほうを持ち、人差し指を伸ばして包丁のみねにあてる。人差し指をみねにあてると刃先が安定する。

輪切りにする

初めは必ず厚さを測りましょう。包丁の刃先をきゅうりにあてて、厚さを確認します。

きゅうりの押さえ方check

添え手の指を軽く内側に曲げ、指先できゅうりを押さえる。
人差し指または中指の第一関節が包丁の腹にあたるようにする。

1
初めは必ず厚さを確認する。

前にスライドさせるように切る。

2
厚さを確認しながら前にスライドさせる。

3
切り終わりが包丁の中央から刃元になるように動かす。

基本のドレッシング

作りやすい分量（きゅうり4本分）
酢……………………………大さじ1と1/3
油……大さじ1と2/3（〜大さじ3と2/3）
塩………………………………ミニスプーン1
こしょう……………………………………少量

ドレッシングは材料の重さに対して、酢5%、油5〜10%が目安だよ

3 いちょう切り

料理によって、薄いほうがおいしい場合、厚みがあるほうがおいしい場合があります。料理に合わせた厚さに切れるようになりましょう。また、みそ汁などにするときに、熱の入り方が均一になるように、形と厚さがそろうように切ることもポイントです。

1) 大根のいちょう切り

大根5cm長さの半月を縦2等分に切って厚さ5mm以下にそろえて切る。

制限時間の目安 **1分30秒**

よいでき上がり

（直径7～8cmの大根を使用）

☑ 合格のためのチェックポイント

- ☐ 時間内に全量が切れている
- ☐ 一枚一枚が切り離されている
- ☐ 5mm以下に切れている
- ☐ 上下の厚さがそろっている
- ☐ 全体の厚さがそろっている

合格までがんばろう

左は、6mm以上あり厚すぎる。
右は、上下の厚さが違う。
包丁を前にスライドさせず真下に下ろすと、上下の厚さがそろいにくい。

全体の厚さがそろっていない。
大根を押さえる指が包丁の腹から離れていると、厚さがそろいにくい（➡参照 p.11）。

参考

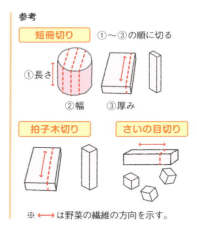

短冊切り　①～③の順に切る
①長さ　②幅　③厚み

拍子木切り　さいの目切り

※ ⟷ は野菜の繊維の方向を示す。

大根と油揚げの煮物

材料（2人分）

大根	150g
油揚げ	1枚（20g）
だし	¾カップ（150mL）
砂糖［大根の3％糖分］	小さじ1と½
塩　［大根の1％塩分］	ミニスプーン½
しょうゆ	小さじ1

作り方

1. 大根は皮をむいて厚さ5mmのいちょう切りにする。
2. 油揚げは6つに三角形に切る。
3. なべに大根と油揚げを平らに入れ、だしを加えて中火にかけ、調味料を加える。
4. 紙ぶたをし、煮汁がほぼなくなるまで10～15分煮る。

切り方の手順

準備（制限時間外）

よく洗って水けをふき、5cm長さに切ってから縦2等分に切りましょう。

直径7～8cmの大根。
5cm長さをはかり、大根をしっかり持って安定させ、曲がらないようにまっすぐに切る。

縦2等分に切る。
切り口を下にして中央に包丁を入れてスライドさせるように前に出す。

曲がってしまい、2等分になっていない。

皮をむく（制限時間外）

大根の形に合わせてむだなくむきましょう。

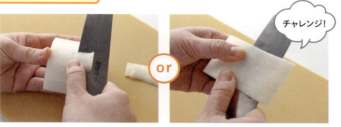

縦にむく。　　横にむく。　チャレンジ！

column

慣れるまでは、皮むき器でむいてみましょう。

いちょう切りにする

縦2等分に切ってから、横に切っていきましょう。初めは必ず厚さをはかって。

縦2等分に切る。包丁は前にスライドさせ、まっすぐ等分になるように切る。　　初めは必ず厚さを確認する。

包丁の入れ始め。
切り分けた大根が動かないよう、添え手でしっかり押さえる。

厚さをそろえて切っていく。
1枚目の厚さをよく見て、同じ厚さに切る。

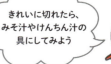

きれいに切れたら、みそ汁やけんちん汁の具にしてみよう

Chapter 1

4 調理技能の練習

> 調理技能は作り方をよく読んで指定どおりに作ろう

1 卵料理

卵は、1日1個は食べたい食品です。いろいろな卵料理を知っておきましょう。火の通りが早いので、火加減は料理に合わせて加減できるようにしましょう。

1) 目玉焼き

卵黄のかたさを好みで仕上げられるようにしましょう。

制限時間の目安 **10分**

よいでき上がり

☑ 合格のためのチェックポイント

- ☐ 時間内に盛りつけが完了している
- ☐ 殻が混ざっていない
- ☐ 卵黄が割れていない
- ☐ 卵白が生でない、焦げていない
- ☐ 調味が適度で均一にできている

材料（1人分）
卵……………………… 1個（50g）
油……………………… 小さじ1
塩［卵の0.3％塩分］
　…… 少量（ミニスプーン⅛）
こしょう……………… 少量

作り方
❶ フライパンに油を入れて熱する。
❷ 卵を静かに入れる。
　→ あらかじめ器に割り入れておくと、卵黄が割れる失敗を防げる。
❸ ふたをして、弱火で3〜5分、卵黄が好みのかたさになり、卵白がかたまるまで片面を焼く。
　→ ふたをすることで、焦げにくく、火が通りやすくなる。卵黄にしっかり火を通したいときは、水を加えるとよい。
❹ 皿に盛りつけ、塩、こしょうをふる。
　→ フライ返しでとり出すと、くずれにくい。

作り方❷のポイント **卵の割り方**

卵は、殻が入らないように平らなところで割り、器に入れておく。
ボールのふちなどにぶつけて割ると、殻が混ざったり、卵黄が割れる原因になる。

合格までがんばろう

強火で焼きすぎて焦げている。

卵白が生の状態は、加熱不足。

片面だけ焼く作り方が指定されているので、両面焼くと不合格になる。

column
フライパンとふたは、サイズがそろったものを選びましょう。
透明なふただと、卵の様子がわかりやすいです。

2) 洋風いり卵

フライパンの予熱と、卵を入れた後の混ぜ方で仕上がりが変わります。

制限時間の目安 **10分**

☑ 合格のためのチェックポイント

- ☐ 時間内に盛りつけが完了している
- ☐ 殻が混ざっていない
- ☐ 卵白と卵黄が均一に混ざっている
- ☐ 卵が生でない
- ☐ 卵が、かたすぎず、焦げていない
- ☐ 調味が適度で均一にできている

1 調理の技能　4 調理技能の練習／卵料理

材料（1人分）
- 卵 ………… 1個（50g）
- 塩［卵の0.3％塩分］
  ………… 少量（ミニスプーン1/8）
- こしょう ………… 少量
- 牛乳［卵の20％］…… 小さじ2
- 油［卵の8％］………… 小さじ1

作り方
1. ボールに卵を入れてよく混ぜ、牛乳、塩、こしょうを入れてさらに混ぜる。
   - 卵だけでよく混ぜたほうが、卵白がよくほぐれ、均一になる。牛乳は、後から入れる。
2. フライパンを弱火で温めて油を入れ、卵液を一度に流し入れる。箸でかき混ぜながら、弱火～中火で焼く。
   - 卵がかたまったところから、大きく混ぜる。細かく混ぜると、仕上がりの卵のかたまりが小さくなりパサつきやすい。
3. 皿に盛りつける。

作り方1のポイント　**卵の混ぜ方**

ボールの底に箸の先をつけ、二の字を書くようにして卵を混ぜると、卵黄と卵白が均一になる。

左が、よく混ざっている状態。右は、卵白が混ざっていない。

column

卵1個分のいり卵なので、18～20cmのフライパンを使い、フライ返しよりも箸で混ぜる方が適しています。

殻が混ざっていると不合格になるよ　気をつけよう

合格までがんばろう

強火で焼きすぎると、卵が茶色く焦げてかたくなる。

卵白がよくほぐれていないと、白いかたまりができる。

2 野菜いため

野菜をいためると、野菜の甘味と油の風味でおいしい副菜になります。コツは、油を使って混ぜながら火を通していくこと。また、火加減が弱いと、野菜から水が出てきて煮物のようになってしまうので、シャッキリとした歯触りが残るように強火の火加減でいためましょう。

1) キャベツのいため物

キャベツは、葉の大きさが違い、かたい部分もあるので、均一に切りそろえることがたいせつです。

制限時間の目安 10分

よいでき上がり

☑ 合格のためのチェックポイント

- ☐ 時間内に盛りつけが完了している
- ☐ 切り方がそろっている
- ☐ いため加減が適度である（キャベツが生でない、焦げていない）
- ☐ 調味が適度で均一にできている

材料（1人分）

- キャベツ……………………80g
- 油［キャベツの4％］……小さじ1
- 塩［キャベツの0.5％塩分］
   ……0.4g（ミニスプーン⅓）
- こしょう………………………少量

作り方

1. キャベツは、洗ってざっと水けをきる。かたい部分を除いて計量し、長さ5～7cm、幅1cmに切る。
   - 材料の80gは、正味重量のこと。付着水（洗った水）がつくと、10％程度重量が増える。
2. 塩をはかって用意しておく。
   - 事前に計量しておくとスムーズに加えることができる。
3. フライパンに油を入れて熱し、キャベツを加えて手早くいためる。
   - キャベツに油がなじみ、しんなりするまで混ぜ続ける。
   - ➡ 参照 p.81「5 いためる」
4. 調味料を加え、全体をよく混ぜ合わせていため、皿に盛る。
   - キャベツに均一に火が通ったら調味料を加える。

合格までがんばろう

いためる時間が短く、生っぽい。

フライパンに油を入れて温めすぎると、高温になり、焦げやすくなる。

column

- 1人分、80～100gの野菜をいためるためには、18～20cmのフライパンを用意しましょう（大きすぎるとこげやすいため）。
- 野菜を混ぜるためには、フライ返しよりも箸のほうが混ぜやすいです。

キャベツの切り方

作り方 **1** のポイント

1

形に沿って、かたい部分をとり除く。

2

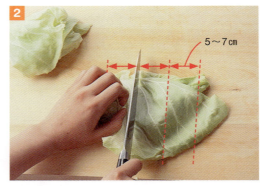

5〜7cm

同じ長さ（5〜7cm）になるように、大きさをそろえて重ねる。

3

キャベツをまとめてしっかり添え手で押さえ、同じ幅（1cm）に切る。

❌

左は、大きさがそろっていない。
右は、幅が広すぎる（1.5cm）。

column

レシピに書かれている重量は、可食部の重量（正味重量）です。つまり、肉、魚介、野菜、果物などの皮や骨、種など、食べられない部分を除いた後の重さ（g）です。材料は、食べられない部分の重さを考えて用意しましょう。
➡参照p.114「２）計量」

column

いため物のコツは、大きくは次の２つです。
● 材料の切り方（大きさと形）をそろえること。
● 短時間加熱なので準備を万全にしておくこと。準備とは、材料をいためる順番に並べること、調味料をはかっておくこと、食器を用意しておくことです。
➡参照p.81「５いためる」

キャベツのかたい部分は薄切りにして汁物に入れるとおいしいよ

キャベツや小松菜はアクが少なく、下ゆでなどの下準備が不要。大きさをそろえて切ることで、火が均一に通り、おいしいいため物になるよ

1 調理の技能　4 調理技能の練習／野菜いため

② 青菜のいため物

アクが少ない小松菜は、いため物に向いています。

制限時間の目安 **10分**

よいでき上がり

☑ 合格のためのチェックポイント

- ☐ 時間内に盛りつけが完了している
- ☐ 小松菜の切り方が指定どおりである
- ☐ いため方が指定どおりに、均一で適度にできている
- ☐ 調味が適度で均一にできている

材料（1人分）
- 小松菜……………………80g
- 油［小松菜の5％］……小さじ1
- 塩［小松菜の0.5％塩分］
  ……0.4g（ミニスプーン1/3）
- こしょう……………………少量

作り方
1. 小松菜は、根元を落として計量し、洗って4cm長さに切り、ざるにのせて水けをきる。
2. 塩をはかって用意しておく。
3. フライパンに油を入れて熱し、小松菜を加えて手早くいためる。
4. 調味料を加え混ぜ、皿に盛る。

> 根元を1cm程度切り落とし、土がついている部分をよく洗う。

> ➡ 参照 p.81「⑤いためる」

> いため物は、一般的にかたいもの（茎）をいため、次に火の通りやすいもの（葉）をいためるが、1人分の小松菜は火の通りが速いので、茎と葉を一度に加えていためてもよい。茎に油がなじみ、しんなりするまで手早くいためる。

作り方1のポイント

小松菜の下処理

内側に土がついていることが多いので、茎の根元をよく洗う。

小松菜の切り方

切り方がばらばらだと、火の通りが不均一になる。

小松菜の水きり

ざるにのせると、水分が自然ときれる。水がつきすぎていると、いためたときに油がはねたり、水っぽい仕上がりになる。ペーパータオルなどで水けをふきとってもよい。

合格までがんばろう

油を熱しすぎると、焦げやすい。

> いためているとき、高温になりすぎて焦げてしまうことがあるので注意しよう

③ もやしとハムのいため物

切る必要のないもやしと、手軽なハムを合わせた一品です。

制限時間の目安 **10分**

よいでき上がり

☑ 合格のためのチェックポイント

- ☐ 時間内に盛りつけが完了している
- ☐ ハムの切り方がそろっている
- ☐ いため加熱が均一で適度（もやしが生でない、焦げていない）
- ☐ 調味が適度で均一にできている

1 調理の技能　4 調理技能の練習／野菜いため

材料（1人分）

- もやし ……………………… 80g
- ハム ………… 10g（1枚程度）
- 油［もやしの5%］……… 小さじ1
- 塩［もやしの0.4%塩分］
   …… 0.3g（ミニスプーン¼）
- こしょう ………………… 少量

作り方

1. もやしは洗って、ざるにのせて水けをきる。
2. <u>ハムは半分に切って1cm幅に切る</u>。塩ははかって用意しておく。
    - 半分に切ったものを重ねて切ると、幅がそろいやすい。
3. フライパンに油を入れて熱し、もやしを加えて手早く<u>いためる</u>。
    - もやし全体に油がまわり、透明感が出るまでいためる。
4. 塩、こしょうを加え混ぜる。ハムを加えて全体をよく混ぜ合わせていため、皿に盛る。

作り方2のポイント

ハムの切り方

半分に切って重ね、端から同じ幅に切る。指定通りの切り方になっていないと不合格になる。

合格までがんばろう

もやしは細いので、加熱しすぎると茶色くなり、しんなりし、苦味がでる。

均一にいためられておらず、生のところがある。

3 サラダ、お浸し

基本的な調味料を使って、加熱した野菜や芋で、サラダやあえ物を作れるようになりましょう。

1) ブロッコリーのサラダ

ブロッコリーは、サラダにしても、いため物や煮物に添えてもよく合うので、上手な切り分け方を覚えて、料理の幅を広げましょう。

制限時間の目安 **10分**

✓ 合格のためのチェックポイント

- ☐ 時間内に盛りつけが完了している
- ☐ ブロッコリーの切り方が均一にできている
- ☐ ブロッコリーの加熱が均一で適度
- ☐ 調味が適度で均一にできている

よいでき上がり

材料（1人分）

- ブロッコリー ……………………… 60g
- [ゆで湯 …… 2〜3カップ（400〜600mL）
-   塩 ……………………………… 小さじ¼〜⅓]
- ドレッシング
- [油 [ブロッコリーの10%] …… 小さじ1と½
-   酢 [ブロッコリーの5%] ………… 小さじ½
-   塩 [ブロッコリーの0.2〜0.3%塩分]
-     …………………… 少量（ミニスプーン⅙）
-   こしょう ………………………………… 少量]

作り方

1. ブロッコリーは小房に分けて切る。水で洗い、ざるにのせて水けをきる。

   > 花蕾側ではなく、茎側から切る。大きさがそろうように小房に分ける。ポイント参照。

2. たっぷりの湯を沸かし、塩を加えて、ブロッコリーを2〜3分ゆでる。ざるに広げてさます。

   > ブロッコリーは水にとると、水っぽくなるため、ざるに広げてさます（生あげ、陸あげ）。

3. ボールに酢と塩、こしょうを合わせ、油を加えてよく混ぜ合わせドレッシングをつくる。

4. 器にブロッコリーを中央が高くなるようこんもりと盛り、ドレッシングをかける。

作り方1のポイント

ブロッコリーの切り方

左が、均一な切り方。
中央は、大きさがそろっていない。
右は、小さく切りすぎてくずれてしまっている。

作り方2のポイント

ブロッコリーのさまし方

重ならないように並べる。

column

ゆで湯と塩の量

ブロッコリーが浸かる湯量が必要です。ブロッコリーは生あげ（陸あげ）にするので塩味が残ります。そのためゆで湯に加える塩は湯の0.3%とします。ゆでた後に水にさらす場合のゆで湯の塩分は0.5%（➡参照p.106）。

② じゃが芋のサラダ

でんぷんの多いじゃが芋は、やわらかくゆでることがポイントです。

制限時間の目安 **20〜25分**

よいでき上がり

☑ 合格のためのチェックポイント

- ☐ 時間内に盛りつけが完了している
- ☐ 皮がなめらかに残らずむけて、均一ないちょう切りになっている
- ☐ 芋の加熱が均一で、生っぽくなく、煮くずれていない
- ☐ 調味が適度で均一にできている

材料（1人分）

- じゃが芋（男爵）……… 1個（約120g）
- ゆで湯 …………………… 3カップ（600mL）
- ドレッシング
  - 油［じゃが芋の10%］…… 大さじ1弱
  - 酢［じゃが芋の5%］……… 小さじ1
  - 塩［じゃが芋の0.2〜0.3%塩分］
    …………… 少量（ミニスプーン¼）
  - こしょう ………………………… 少量

作り方

1. じゃが芋はよく洗い、皮をむき、1cm厚さのいちょう切りにして水に浸ける。
2. 沸騰した湯にじゃが芋を加え、強火でゆでるか、中火でふたをして、5〜10分ゆで、ざるにとる。
3. ボールに酢と塩、こしょうを合わせ、油を加えてよく混ぜ合わせ、じゃが芋とあえる。
4. 器にじゃが芋を盛りつける。

➡ 参照p.107「②芋類の調理の特徴」

じゃが芋の水けをしっかりきらないと、水っぽい味つけになる。

作り方1のポイント — じゃが芋の切り方

皮をむいたじゃが芋を縦半分に切り、さらに半分に切る。
➡ 参照p.6「じゃが芋の皮むき」、p.11「包丁の持ち方check」、p.12「大根のいちょう切り」

横に1cm厚さに切る。かたいものを切るときは、包丁を握り込んだほうが力が入りやすい。

作り方2のポイント — じゃが芋のゆで方

竹串などで、かたさを確認する。竹串がすっと入るまでゆでる。

厚さが不均一だと、ゆでたときに薄い芋がくずれやすい。

1 調理の技能 4 調理技能の練習／サラダ、お浸し

3) ほうれん草のお浸し

ほうれん草のお浸しは、代表的なあえ物です。
下処理・ゆで方・あえ方のポイントを覚えましょう。

制限時間の目安 **15分**

よいでき上がり

☑ 合格のためのチェックポイント

- ☐ 時間内に盛りつけが完了している
- ☐ 下処理や切り方が指定どおりである
- ☐ 加熱が均一で適度（生っぽくない・ゆですぎでない）
- ☐ 調味が適度で均一にできている

材料（1人分）

ほうれん草	100g
ゆで湯	3～4カップ（600～800mL）
塩	小さじ½～⅔
しょうゆ［ほうれん草の1％塩分］	小さじ1
だし［しょうゆの3倍容量］	大さじ1

1人分の量については、献立にほかの野菜料理があったら、ほうれん草は70gでも大丈夫

作り方

❶ ほうれん草は根を除き、株が太い場合は根元に十字の切れ目を入れてよく洗い、水けをきる。
→ 根元に十字の切れ目を入れると、洗いやすく、均一に火が通る。

❷ たっぷりの沸騰湯に塩を加え、ほうれん草を2～3分ゆでる（再沸騰後1～2分）。
→ ほうれん草は、根元からゆで湯に入れ、少ししたら、箸で全体をゆで湯に入れる。再沸騰したら、ほうれん草の上下を箸で返す。これで、かたさが均一になる。

❸ ゆでた後、水にとってさます。
→ すぐにたっぷりの水にとると、やわらかくなりすぎず色もわるくならない。また、アクが水にとけ出る。すぐに水は取りかえる。

❹ 水けを軽く絞り、4～5cm長さに切る。
→ "軽く"絞ること。絞りすぎると、筋っぽい仕上がりになる。根元が大きい場合は、切れ目から割く。

❺ しょうゆとだしを合わせ、その⅓量を下味としてほうれん草にかけて混ぜ、軽く絞る。
→ 下味をして軽く絞ることで、アクっぽさがとれ、ほうれん草の甘味を味わうことができる。

❻ 残りの調味液をかけてあえ混ぜ合わせ、器に盛る。
→ 中央を高く、ふんわりと盛りつける。
→ 参照p.72「(3)副菜」

column

切ってからゆでる場合は、沸騰しているところに切ったほうれん草を入れ、箸で全体を混ぜてゆでます。ゆで上がったほうれん草をざるにあげて、水にとり、さまします。
水にとると…（→ 参照p.105）
- アクがとり除かれる。
- さますことで色や食感が保たれる。

p.105「野菜をゆでるときの注意」もあわせて勉強しよう！

ほうれん草の下処理

> 作り方 **1** の
> ポイント

根を除くときは、包丁を握り込んで、親指を根元にあてる。まな板の上で切ってもよい。

十字の切れ目を入れるときの包丁の深さは、5mm〜1cm。株の大きさによるが、中心が割れるくらいに。

ほうれん草のゆで方

> 作り方 **2** の
> ポイント

ほうれん草はアクがあるので、湯の量は野菜の5〜8倍。たっぷりの湯が沸騰したところに入れると、再沸騰までの時間を短縮できて、色よく仕上がる。ふたをしてゆでると、色がわるくなる。

ゆでたほうれん草のさまし方

> 作り方 **3** の
> ポイント

水をかえて、手早く完全にさます（ほうれん草をさわって温度を確認する）。水を入れるボールが小さすぎると、ほうれん草がさめにくい。

合格までがんばろう

加熱時間が短いと、かたく、アクっぽい。

加熱時間が長かったり、水でのさまし方が足りないと、やわらかくなりすぎて色もわるくなる。

ゆでたほうれん草を切って、調味料をかけただけでは、あえ物のおいしさが味わえない。

長さは4〜5cmが適当。左のように長すぎたり、右のように短すぎたりすると、食べにくい。

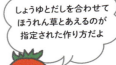

しょうゆとだしを合わせてほうれん草とあえるのが指定された作り方だよ

1 調理の技能 4 調理技能の練習／サラダ、お浸し

4 汁物

和風の汁物のだしは、だしの種類でも味わいが変わります。かきたま汁にはカツオとこんぶのだしが合い、みそ汁には煮干しのだしもよく合います。

1) かきたま汁

だしと卵だけで作れる手軽な汁物です。美しくおいしく作るためのポイントを学びましょう。

制限時間の目安 10分

よいでき上がり

☑ **合格のためのチェックポイント**

- ☐ 殻が混ざっていない
- ☐ 時間内に盛りつけが完了している
- ☐ 調味が適度で均一にできている
- ☐ 汁にとろみがついてにごっていない
- ☐ 卵白と卵黄が混ざっている
- ☐ 卵のかたまりがない
- ☐ 卵が沈んでいない

材料（4人分）

だし		3カップ（600mL）
塩	だしの0.6％塩分	小さじ½弱
しょうゆ		小さじ1
かたくり粉		小さじ2
水		大さじ1と⅓
卵		1個
水（だし）		大さじ1

塩としょうゆの割合は、1：2.5〜4くらい。色と味がちょうどいいよ
→ 参照 p.82「⑧だしをとる」

作り方

❶ だしを中火にかけて、塩としょうゆで調味する。煮つまらないように、沸騰したら火を消してふたをする。

❷ ボールに卵を割り入れ、箸で卵白がほぐれるようにとき、水（だし）を加えてよく混ぜる。

> 卵白がほぐれて均一になっていないと、汁に入れるときに細い状態にならない（→ 参照 p.15）。穴じゃくしの穴を通らないこともある。水を加えてとくと、卵がうすまるので細いきれいな状態になりやすい。水は、だしでもよい。

❸ ①のだしを煮立て、水（だし）でといたかたくり粉を入れて軽く混ぜ、とろみをつける。

❹ 煮立ってきたら、卵を細く手早く流し入れる。穴じゃくしを通して流し入れても可。

❺ 卵に火が通ってふんわりと浮いてきたら、火を消す。

❻ 味を確認して、器に盛る（提出は1人分）。

> 3回の沸騰状態がポイント（写真参照）。
> ❶ 調味しただしは、必ず沸騰させてから、水ときかたくり粉を加える。
> ❷ かたくり粉を入れた後、混ぜながら沸騰させてとろみがついたことを確認する（再沸騰に時間がかかると、かたくり粉が下に沈みダマになる）。
> ❸ 卵を沸騰した状態のだしに入れ、卵に火を通すために再沸騰させる。

> 作り方 3 の ポイント

とろみづけ

①調味しただしを沸騰させる。
沸騰前にかたくり粉を加えると、再沸騰に時間がかかり、かたくり粉が沈むため、だしに濃度がつきにくい。

②水ときかたくり粉を加える。
かたくり粉を加えたら、玉じゃくし（または箸、おたま）でだしをすぐに混ぜる。

> 作り方 4 の ポイント

卵の流し入れ方

> 作り方 5 の ポイント

卵の加熱

①充分に沸騰しているところへ卵を入れる。
②卵は1か所に入れずに全体に「の」の字を書くように流し入れる。
③少し高い位置から入れると卵液が細くなる。

卵がかたまるまでは混ぜない。

1 調理の技能
4 調理技能の練習／汁物

合格まで がんばろう

> 乾いた穴じゃくしを使おう。水でぬれていると、卵が出にくいことがあるよ

だしが沸騰していない状態で卵を入れると、にごる。

卵のとき方がわるい
（➡参照 p.15「いり卵」）。

卵を一か所に入れると、卵が大きなかたまりになって下に沈んでしまう。

かたくり粉でだしに濃度がついておらず、卵が沈んでいる。

② 大根のみそ汁

野菜の入ったみそ汁は、日常の献立に合う汁物です。

制限時間の目安 10〜15分

よいでき上がり

☑ 合格のためのチェックポイント

- ☐ 時間内に盛りつけが完了している
- ☐ 大根の切り方がいちょう切りにできている
- ☐ 油揚げが短冊切りに切れている
- ☐ 大根がよく煮えている
- ☐ 調味が適度で均一にできている

材料（2人分）

- だし……1と½カップ（300mL）
- 大根……………………100g
- みそ（信州みそ）[だしの0.6%塩分]……………14g
- 油揚げ……10g（½枚程度）

※信州みそ：塩分12%

作り方

1. 大根は皮をむき、5mm厚さのいちょう切りにする。 → 参照p.12「大根のいちょう切り」
2. 油揚げは、短冊切りにする。
3. なべにだしと大根と油揚げを入れ、大根がやわらかくなるまで煮る（ふたをして、5〜10分）。
   - ふたをすると、だしの蒸発を防ぎ、熱効率もよく、大根に早く火が通る。
4. みそをときのばして加え、火を止めて、器に盛る。
   - みそは長く加熱すると香りがとんでしまうため、野菜がやわらかく煮えてから加える。だしが煮つまっている場合は、加えるみその量を加減する必要があるので味見をする。

作り方1のポイント／大根の切り方

厚さが違うと、火の通りが均一にならない。

作り方2のポイント／油揚げの切り方

4cm／1cm

みそ汁の場合、油抜きはせずにそのまま加えると、こくが出る。油揚げは、地域によって形やサイズが違うので、1人分は5gを目安とする。

column

1人分の汁物の場合、だしの量は150mLが基本です。1人分や2人分など少人数の汁物を作る際には、大根をやわらかく煮るのに時間がかかると、蒸発量が多くなるので、なべに合うサイズのふたがあるとよいでしょう。具が煮えるのに時間がかかる場合は、だしを多めに入れましょう。

作り方3のポイント／大根の煮え加減

竹串などで、火の通りを確認し、やわらかくなるまで煮る。

作り方4のポイント／みそのとき方

みそは、だしの一部でときのばしておく。みそのとけ残りを防ぎ、均一な味つけにする。

みその種類は地方によって名称や材料が違うよ。色と味わいだけでなく、塩分量も違うので、使う量には注意が必要！
→ 参照p.113「③みそ」

Chapter 2
食生活と栄養

日本人の食生活の歴史、食事のマナーや
盛りつけのルールなど、多様な食文化を知ることができます。
そして、栄養のあるおいしい献立作成に役立つ、
栄養の知識や4つの食品群の基本を学ぼう！

Chapter 2

1 食生活と社会の関わり

1 私たちの生活と食——食べることの意味

私たちが「食べる」ことには、次の3つの意味があります。

1. 生命を維持する。健康を保つ。
2. 食の文化を次の世代に伝承する。
3. 人間関係をつくる。

これらについて解説しましょう。

エネルギーの食べすぎと不足は体重でわかるんだ

1) 生命を維持する。健康を保つ

私たちの体は毎日の食事でつくられていて、筋肉、骨、血液などは日々つくりかえられています。そのため、食事をとらなかったり、充分な量が食べられなかったりすると、やせて筋肉が少なくなる、骨がもろくなる、全身に必要な栄養素が届かなくなる、といったことが起こってしまいます。1日3食、きちんと食べることがたいせつです。また、体を動かすために必要なエネルギーも、食事からとります。例えばスポーツ選手など体をたくさん動かす人は、生活の大部分を座って過ごす人よりも、多く食べる必要があります注1。

毎日できるだけ決まった時間に規則正しく食事をとることで、生活リズムがととのえられ、健康な生活を送ることができます。なお、成長期の毎日の食事は、運動・睡眠とともに将来の健康にも関わるたいせつなことです。

注1
食べるエネルギーが運動で使うエネルギーより少ないと体重は減り、食べるエネルギーが運動で使うエネルギーより多いと体重は増える。

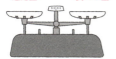

消費エネルギー　摂取エネルギー
　運動量　　　　　食べる量
体重で確認

2) 食の文化を次の世代に伝承する

日本では、四季のはっきりした変化や、海や山、里という豊かな自然の中で、北から南、それぞれの地域においてさまざまな食材を使った料理が作られています。春は桜の葉を使う桜もちを、秋にはもみじの葉を料理に添えて、食事で季節

を表現します。私たちは、自然に感謝して食事をしています。食事の前に「いただきます」、食事の後に「ごちそうさま」とあいさつをすること、地域の郷土料理[注2]やおせち料理[注3]なども、次の世代へ伝えていきたい「食文化」です。

> **注2**
> **郷土料理** その地域でとれる野菜や魚を利用して作る料理。山形県の芋煮、栃木県のしもつかれ、広島県のカキ飯など。
>
> **注3**
> **おせち料理** 昔は季節の区切りに用意した食事であったが、現在は正月に食べる料理をさす。カズノコ、黒豆、きんとんなどがある。

3）人間関係をつくる

　だれかといっしょに食事をすると、その人と話す、その人を理解する、その人となかよくなる、といったことにつながります。日常の食事を家族や友人ととることで、好きな食べ物が増え、嫌いな食べ物も少しずつ食べられるようになることもあります。いろいろな行事やお祭りの日には、ふだんより豪華な料理を家族や親せき、友人といっしょに食べて、思い出をつくることができます。「食事」は楽しく食べることがたいせつで、それによっておいしさが感じられ、料理や食品に興味がわき、料理を作ってくれた人への感謝の気持ちも持つことができるでしょう。これらが、健康を保つことにもつながります。

　ふだんの食生活においても感染防止策がたいせつです。食事の前にはしっかり手を洗い、指先や指の間まできちんと消毒しましょう。席は人との間隔をあけ、会話をするときはつばが飛ばないように注意しましょう。料理の盛りつけはできるだけ一人ひとりに行ない、大皿に盛りつけるときには必ずとり箸を用意しましょう。また、体調が悪いときには、いっしょに生活をしている人以外との会食を避けることも必要です。

> だれかといっしょに食べるほうが、子どもも高齢者も食べる食品数が増えるという報告があるよ

2 私たちの健康と食 ── 健康によい食習慣

食事は1日3回、1年365日1095回、食べることになります。長い間くり返すことでいろいろな影響が出てきます。よい食習慣を身につけると健康を維持でき、わるい食習慣を続けると体にわるい影響がおよぶ場合もあります。

朝食の摂取頻度を調べた結果を見ると、全世代の結果では81.3%の人がほとんど毎日食べていますが、20～39歳の若い世代では68.3%とその割合が低くなり、15.4%の人はあまり食べていません（**図2-1**）。

図2-2は、子どもの朝食欠食率[注1]の推移で、近年は小学生・中学生ともに増加傾向にあります。

図2-3は、朝食の摂取と学力との関係で、**図2-4**は、朝食の摂取と体力との関係です。毎日朝食をとる児童・生徒ほど、学力調査・体力テストともに得点が高くなっていて、男女とも、小学生・中学生いずれも、同じ傾向が見られます。

> 注1 朝食欠食率　朝食を食べない人の割合。

図2-1　朝食を食べる頻度

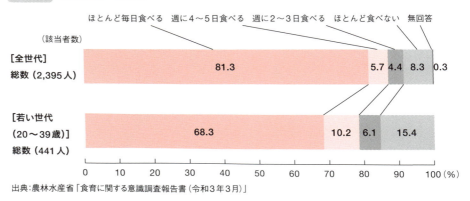

出典：農林水産省「食育に関する意識調査報告書（令和3年3月）」

図2-2　子どもの朝食欠食率の推移

小・中学生の朝食欠食率の推移

> 小・中学生より20～39歳の若い世代に朝食を食べない人が多いようだね

資料：文部科学省「全国学力・学習状況調査」
※2011年度は、東日本大震災の影響などにより、調査の実施を見送り。
※2020年度は新型コロナウイルス感染症の影響などにより、調査の実施を見送り。
※「朝食を毎日食べていますか」という質問に対して、「あまりしていない」、「全くしていない」と回答した割合の合計（選択肢）「している」、「どちらかといえば、している」、「あまりしていない」、「全くしていない」。
※小学校6年生、中学校3年生が対象。
出典：農林水産省「令和2年度 食育白書」

図2-3 朝食摂取と学力調査の平均正答率との関係

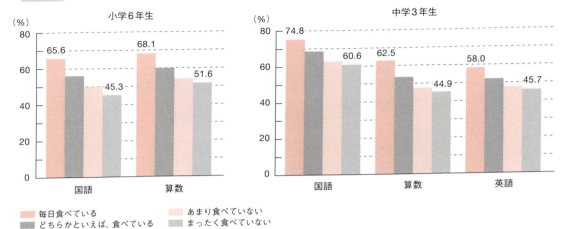

文部科学省「平成31年度（令和元年度）全国学力・学習状況調査」

出典：文部科学省「令和元年度 文部科学白書」

図2-4 朝食摂取と体力との関係

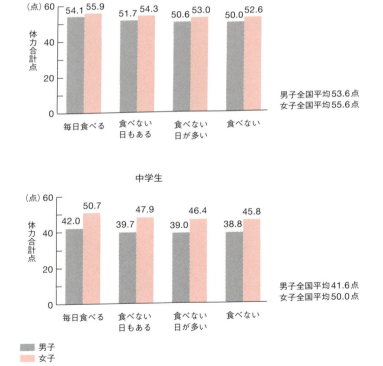

出典：スポーツ庁「令和元年度 全国体力・運動能力、運動習慣等調査の結果のポイントについて」

朝食を毎日食べているか、まったく食べていないかで、ずいぶん学力に差が出るね。中学生になると、体力にも差が出てくるね。しっかり食べたほうがいいことがたくさんあるね。

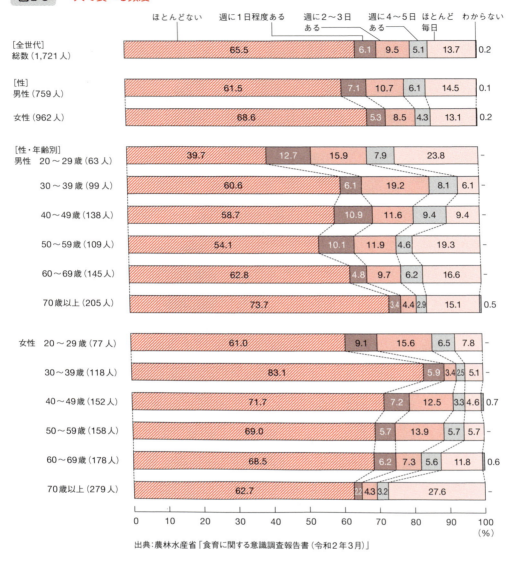

図2-5 一人で食べる頻度

出典：農林水産省「食育に関する意識調査報告書（令和2年3月）」

　一人で食べる食事を「孤食」、家族など複数の人で食べる食事を「共食」といいます。
　一人で食べる頻度を見ると、ほとんど毎日一人で食べる人は13.7％います（図2-5）。男性では20歳代と50歳以上が15％を超え、女性では70歳以上が27.6％と平均より多くなっています。これは、ひとり暮らしなどの生活状況の影響も考えられます。食事区分別では朝食において、家族といっしょにはほとんど食べない人が23.1％にのぼり、20歳代では約40％となっています。

図2-6 生活習慣の悪循環が生活習慣病の原因になる

子どもの孤食は、好きなものを食べて嫌いなものは食べない傾向があり、肥満の原因になるといわれています。高齢者では、孤食の人は気分が落ち込むことがある、食べる食品の数が少ない、やせ傾向が見られる、という報告があります。子ども食堂や地域サロンなど、地域で家族以外の人と共食する場も増えています。孤食が避けられるような地域での支援も必要です。

おいしく食べて心身ともに元気に暮らすためには、健康によい食習慣、適度な運動習慣、充分な休養・睡眠をとる生活習慣が必要です。栄養バランスのよい食事をとることで元気に活動的な生活ができ、昼間に活発に動くことで食欲がわき、おいしく食事ができます。そして、夜は早く寝て充分な睡眠をとることで翌朝すっきり目覚め、健康的な一日を過ごすことができます。

食事を抜くこと、甘味や塩味が濃いもの・油が多く含まれる食品や料理の多い食生活、運動不足や睡眠不足などが続くことで起こる病気を「生活習慣病」といいます。生活習慣病は、生活習慣に気をつけることで予防できると考えられています。

図2-7 生活習慣病レベル

レベル	内容
5	● 半身のマヒ ● 日常生活における支障 ● 認知症
4	● 虚血性心疾患（心筋梗塞、狭心症など） ● 脳卒中（脳出血、脳梗塞など） ● 糖尿病の合併症（失明、人工透析など）
3	● 肥満症（とくに内臓脂肪型肥満） ● 糖尿病 ● 高血圧症 ● 高脂血症
2	● 肥満 ● 高血圧 ● 高血糖 ● 高脂血
1	● 不適切な食生活 　（エネルギー・食塩・脂肪の過剰など） ● 身体活動・運動不足 ● 喫煙 ● 過度の飲酒 ● 過度のストレス

参考：厚生労働省生活習慣病対策室「生活習慣病のイメージ」
（2020.12.4参照）

Chapter 2 なにをどれだけ食べればよいか

1 栄養素の種類とその働き

1) 5つの栄養素とその主な働き

栄養素とは、私たちが食物からとり入れなければならない物質をいい、とくに炭水化物、脂質、たんぱく質、ミネラル、ビタミンを五大栄養素と呼びます。私たちはこれらの栄養素を体内で消化・吸収、合成することで利用しています。

栄養素は主な働きによって、エネルギーを産生する栄養素とそれ以外の栄養素に大きく分類できます（図1-1）。栄養素は、活動のためのエネルギー源になったり、体内の組織をつくったり、体の機能を調節したりする役割があります。また、たんぱく質や脂質のように、複数の役割がある栄養素もあります。

私たちは、食品中の成分を分解して、人体の成分へとつくりかえています。栄養素は相互に関連しあいながら働くため、ある一つの栄養素の量が多すぎたり少なすぎたりするだけで、体内で全体の栄養素がうまく働かなくなります[注1]。栄養素は、バランスよく摂取することが、体にとってたいせつなのです。

注1 栄養素の量や種類のバランスがくずれた食事をとり続けていると、体調不良、疲れやすい、便秘、かぜをひきやすい、肌が荒れるなどのさまざまな不調が出てくる。

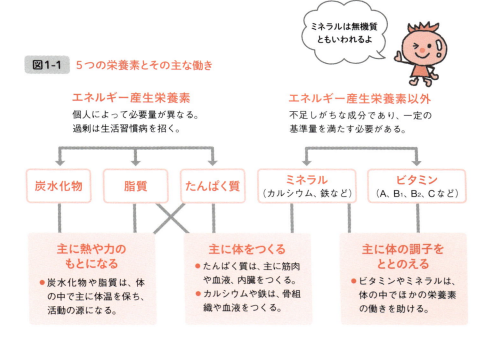

図1-1 5つの栄養素とその主な働き

2）エネルギーを産生する栄養素の働き

　私たちは、安静にしているときでも生命を維持するためにエネルギーを必要としています。どのような環境でも体温はほぼ一定に保たれ、休みなく器官が働き、生命活動に必要な物質がつくられ、それを蓄積したり分解・排泄したりしています。さまざまな身体活動にはすべて、エネルギーが必要です。

　エネルギーの必要量は、一人ひとりの活動量に応じて大きく変化します。そのため、同じ性・年齢・体格であっても、その人の活動量によってエネルギーの必要量は増減します（**表1-1**）。なお、妊娠や授乳をしている場合は、さらにエネルギーが必要となります。

表1-1　1日の推定エネルギー必要量（kcal/日）　性別、年齢、身体活動による違い

性別	男性			女性		
身体活動 / 年齢	低い	ふつう	高い	低い	ふつう	高い
8〜9歳	1,600	1,850	2,100	1,500	1,700	1,900
15〜17歳	2,500	2,850	3,150	2,050	2,300	2,550
18〜29歳	2,250	2,600	3,000	1,700	1,950	2,250
30〜49歳	2,350	2,750	3,150	1,750	2,050	2,350
75歳以上	1,850	2,250	—	1,450	1750	—

※年齢層は一部抜粋。
※妊娠したり授乳したりしている場合は、各年代のエネルギー必要量にさらにエネルギーの付加が必要となる。
参考：厚生労働省「日本人の食事摂取基準（2025年版）」

　私たちはこのエネルギーを、食物中の炭水化物、脂質、たんぱく質から得ています。**表1-2**は、それぞれの栄養素の、1gあたりのエネルギー量を示しています[注2]。これらのなかでもエネルギー源としてとくに重要なのは、炭水化物と脂質です。炭水化物は、体内にとり込まれるとすぐにエネルギーに変えられます。一方で脂質は、中性脂肪として皮下や内臓周囲に貯蔵され、必要に応じてエネルギーとして利用されます。

　また、過剰に摂取された炭水化物やたんぱく質は、脂質（体脂肪）として蓄えられ、肥満をもたらします。逆に不足すれば、やせの原因となります。健康を維持するためには、炭水化物、脂質、たんぱく質のバランスもたいせつなのです。

表1-2　栄養素1gで発生するエネルギー量

炭水化物（糖質）	脂質	たんぱく質
4kcal	9kcal	4kcal

※kcalは、キロカロリーと読む。
※1kcalは、1000g（1L）の水の温度を1℃上げることのできるエネルギーのこと。
※エネルギー量は、kJ（キロジュール）でも表され、1kcal=4.18kJでもある。

[注2]
一般的にエネルギーのことをカロリーと呼ぶことが多いが、カロリーとはエネルギーの単位の名称であり、正しくはエネルギーという。

3) たんぱく質の性質と体への働き

　たんぱく質は、多くのアミノ酸が鎖状に結びついてできており、筋肉や血液、内臓、皮膚や毛髪など体の組織や器官を形成しています。また、体の調子をととのえる酵素やホルモンとして働くほか、エネルギー源としても利用されます。

　たんぱく質は体内でアミノ酸に分解された後、体に必要なたんぱく質へと再びつくりかえられます。アミノ酸は20種類あり、そのうち11種類は体内で合成できますが、残る9種類は体内で合成できない、または合成できても必要量を満たせないため食品から摂取しなければなりません。この9種類を必須アミノ酸といい、イソロイシン、ロイシン、リジン、メチオニン、フェニルアラニン、スレオニン、トリプトファン、バリン、ヒスチジンが該当します。

　たんぱく質を多く含む食品は、魚、肉、卵などの動物性食品と、大豆とその加工品である納豆や豆腐などの植物性食品に分けられます。動物性食品は必須アミノ酸をバランスよく含んでいて、卵、牛乳、肉類は良質のたんぱく質食品です。

4) 脂質の性質と体への働き

　脂質には、中性脂肪、コレステロール、リン脂質などがありますが、食品中の脂質の大部分は中性脂肪です。中性脂肪は、グリセリンと脂肪酸が結合したもので、摂取すると消化されて小腸で吸収されます。脂肪酸は、飽和脂肪酸と不飽和脂肪酸に大きく分けられ、不飽和脂肪酸はさらに一価不飽和脂肪酸と多価不飽和脂肪酸に分類されます。このうち、飽和脂肪酸と一価不飽和脂肪酸は体内で合成されますが、多価不飽和脂肪酸は体内で合成することができないため、食品から摂取する必要があります。これを必須脂肪酸といいます。必須脂肪酸には、n-6系脂肪酸（リノール酸、γ-リノレン酸、アラキドン酸）、n-3系脂肪酸（α-リノレン酸、EPA〈エイコサペンタエン酸、IPAともいう〉、DHA〈ドコサヘキサエン酸〉）があります。

　脂質は、体内では貯蔵脂肪としてエネルギーの貯蔵源の役割を担っています。長時間の運動などでエネルギーが不足すると、蓄えられていた脂肪が分解・燃焼して使われます。このほかにも脂質には、内臓を保護し、体温を保つ働きや、細胞膜の成分となり体の組織をつくる重要な役割があります。さらに、脂溶性ビタミンの吸収をよくする働きもあります。

　脂質を多く含む食品は、肉、魚、植物の種実などです。これらから脂質を抽出して精製・加工した食品は、バターやラードなどの動物性油脂と、大豆油やごま油などの植物性油脂に分けられます注3。脂質の多い食品は、摂取すると胃の中に長くとどまるため腹持ちがよく空腹感を抑えます。しかし、胃に負担がかかるという面を持っています。とりすぎると、体脂肪や血中の脂質が増加し、生活習慣病になる危険性が高まります。とくに肉類に多く含まれる飽和脂肪酸の過剰摂取は、血中コレステロール値を上昇させ、動脈硬化を招きます。一方、青背魚に多く含まれるEPA、DHAは血中脂質の上昇を抑制します。

注3
食用油脂は、常温で液体のものを油、固体のものを脂という。

5）炭水化物の性質と体への働き

炭水化物は、体内で消化・吸収されエネルギー源となる糖質と、消化されにくい食物繊維に分けられます（図 1-2）。

1 糖質

糖質は、体を動かしたり、体温を保持したりするための優れたエネルギー源です。主なものに砂糖やでんぷんがあり、消化されると最小単位であるブドウ糖として吸収され、血液によって全身の組織に運ばれ、エネルギーとして消費されます。また、わずかな量がグリコーゲンとして蓄えられます。

人間の脳は、ブドウ糖をエネルギー源としています。また、ブドウ糖は、激しい運動の際には筋肉の主要なエネルギー源として利用されます。そのため、活発に運動し勉強などで頭を使う成長期や青年期には、糖質はとくにたいせつな栄養素となります。

糖質を多く含む食品は、米、パン、めんなどの穀類、芋類、砂糖類です。穀類や芋類はでんぷんを多く含み、食物繊維も含んでいます。砂糖は消化・吸収が速く、砂糖を多く含む菓子類や飲料などをとりすぎると、肥満や糖尿病の原因となります。

2 食物繊維

食物繊維は、消化・吸収されず、エネルギーになりにくい炭水化物のことです。しかし、腸における働きを通して病気の予防や健康の増進に役立つので、必ずとりたい栄養素です。体内では、右記のような働きをします。

食物繊維は、水にとけやすい水溶性食物繊維と、とけにくい不溶性食物繊維に分けられます。食物繊維を多く含む食品は、穀類や芋類のほか、野菜類、果物類、海藻類、きのこ類などです。

図1-2

炭水化物
├─ 糖質
│ 体のエネルギー源。ブドウ糖として吸収され、脳や筋肉のエネルギーとなる。
└─ 食物繊維
   ├─ 水溶性　水にとけやすいタイプ。
   └─ 不溶性　水にとけにくいタイプ。

食物繊維の体内での働き

- 腸の運動を刺激し、便通をととのえる。
- 腸の粘膜を守り、腸内の有害菌の働きを抑えて、腸内環境をよくする。
- 血中コレステロール濃度や血糖値を低下させる。
- 大腸がんを予防する。
- 有害物を希釈し排泄する。

6）ビタミンの性質と体への働き

ビタミンは、体の機能を調節する役割を持ちます（**表1-3**）。きわめて微量で作用する栄養素ですが、体内ではほとんど合成できないため、食品からとる必要があります（➡参照 p.45～）。

ビタミンには、油にとける脂溶性ビタミンと、水にとける水溶性ビタミンがあります。脂溶性ビタミンは、油といっしょにとると吸収がよくなります。なお、サプリメントなどで過剰に摂取し続けると、頭痛や皮膚障害といった過剰症が起こる場合があり、注意が必要です。一方、水溶性ビタミンは、過剰に摂取しても基本的には尿などといっしょに排出されるため、過剰症は起こりにくい栄養素です。ただし、余剰分は蓄積されることなく排泄によって失われてしまうこと、また、加熱調理による損失が大きいことを考慮して、不足しないよう毎日とらなければなりません。

ビタミンAは、目の機能を保って明るさを感じたり、粘膜や皮膚の機能を保ったり、感染から体を守る免疫作用などがあります。また、ビタミンCは細胞と細胞の接着剤として働くコラーゲンを合成するほか、抗酸化作用、鉄の吸収促進作用、免疫作用などがあります。

それぞれのビタミンはどんな食品に含まれているかな？

表1-3 ビタミンの種類と働き、欠乏症

	種類	働き	欠乏症
脂溶性ビタミン	ビタミンA	●成長を助ける ●目の働きをよくする ●細菌に対する抵抗力をつける	夜盲症
	ビタミンD	●カルシウムやリンの吸収を助ける ●骨をじょうぶにする	子どものくる病、成人の骨軟化症
	ビタミンE	●体内の酸化を防ぐ ●細胞膜の機能を保持する	赤血球の溶血
	ビタミンK	●出血時の止血因子をつくる	血液凝固遅延
水溶性ビタミン	ビタミンB$_1$	●糖質がエネルギーになる際に必要 ●神経の機能を正常に保つ	脚気、多発性神経炎
	ビタミンB$_2$	●脂質、たんぱく質、糖質がエネルギーになる際に必要 ●発育を促進する	口角炎、成長阻害
	ビタミンB$_6$	●たんぱく質の代謝に必要	皮膚炎
	ビタミンB$_{12}$	●赤血球をつくるのに必要 ●神経機能を維持する	巨赤芽球性貧血
	ナイアシン	●栄養素の代謝に必要	ペラグラ（皮膚炎）
	葉酸	●赤血球をつくるのに必要	巨赤芽球性貧血、胎児の神経管の発育不全
	パントテン酸	●炭水化物や脂質の代謝に関係	
	ビタミンC	●傷の回復を早める ●抵抗力をつける ●抗酸化作用	壊血病
	ビオチン	●栄養素の代謝に必要	

7）ミネラルの性質と体への働き

　ミネラルは、食品に含まれる量は少ないですが、骨や血液などの成分として体の組織をつくったり、体液にとけてpHや浸透圧を調節したり、酵素やホルモンなど体内で働く物質の成分となったりする役割を持ちます。ミネラルは体内で合成されないため食品からとる必要がありますが、不足したり過剰に摂取したりすると、健康障害の危険性があります（**表1-4**）。現在の日本人の食生活では、カルシウムや鉄が不足しやすく、ナトリウムはとりすぎの傾向にあります。

　骨の成分となるカルシウムは成長期から毎日とり、大人になるまで長期間にわたって体に充分に蓄積することが必要な栄養素です。

　食品に含まれる鉄には、肉や魚などの動物性食品に多く含まれるヘム鉄と、緑黄色野菜や穀類に含まれる非ヘム鉄がありますが、ヘム鉄は吸収率が高いことが特徴です。

　ナトリウムは、ナトリウムと塩素が結合した食塩の形で摂取されることが多く、体内の水分バランスや血圧調節に関わります。過剰摂取は、高血圧や腎臓病、がんなどさまざまな生活習慣病の原因となります。

表1-4　ミネラルの主な種類と働き、欠乏症

種類	働き	欠乏症
カルシウム (Ca)	●骨、歯の主な成分 ●神経の興奮を抑える	骨粗鬆症
リン (P)	●骨、歯を形成する	骨・歯がもろくなる
マグネシウム (Mg)	●骨や歯を形成する ●多くの酵素の働きを助ける	骨形成の異常
ナトリウム (Na)	●体液の量を調節する ●体内の物質輸送を調節する	食欲不振 （とりすぎると高血圧症になる）
カリウム (K)	●体液の量を調節する ●心臓や筋肉の機能を調節する	筋力低下、知覚がにぶり反射が低下
鉄 (Fe)	●赤血球の成分 ●酸素を運搬する	鉄欠乏性貧血
亜鉛 (Zn)	●酵素の成分 ●味蕾細胞の成分	成長障害、味覚障害
ヨウ素 (I)	●甲状腺ホルモンの成分	甲状腺の異常

8）水

　水は栄養素ではありませんが、消化・吸収された栄養素の運搬、体内で発生した老廃物の運搬や排出、体温調整などの役割を果たしており、生命維持に欠かせません。日頃から充分な水分摂取が必要です注4。暑い日や激しい運動によって汗をかいた際に水分を補給しないと、熱中症や脱水症状を引き起こす原因になります。

注4
人は、食べ物や飲み物から水をとり入れ、尿や汗として排泄している。成人では、1日におよそ2.5Lの水が出入りしている。

2 日本人の食事摂取基準

わが国では、厚生労働省が5年ごとに日本人の食事摂取基準を公表しています。これは、国民の健康の保持・増進をはかるうえで、摂取することが望ましいエネルギーおよび各栄養素の基準を示したものです。食事摂取基準は、健康な乳児から高齢者までを対象者とし[注1]、食事として経口で摂取するすべてのもの、つまり、一般の食品はもちろん、ドリンク剤や栄養剤、サプリメントなども含んで考えられています。食事摂取基準に示されている数値は、習慣的な摂取量を1日あたりに換算してあります。

> 注1
> 食事摂取基準では、出生後0か月〜1歳未満を乳児、1〜17歳を小児、18歳以上を成人、65歳以上を高齢者としている。

1) エネルギーの指標

一人ひとりに必要なエネルギーや栄養素は、性や年齢、日常生活の活動内容の違い（身体活動レベル）により異なります。成人では、肥満している人もやせている人も、体重に変化がなければ、摂取したエネルギーと消費したエネルギーは等しいと考えられます。つまり、健康の保持・増進、生活習慣病の予防には、エネルギーの摂取量を過不足なくとることだけでは不十分であり、望ましい体格を維持するエネルギー量を摂取することがたいせつです。そのため、エネルギーの摂取量と消費量のバランスを示す指標として、体格指数（BMI：Body Mass Index）を用いて目標を決めることにしています（表2-1）。

自分のBMIを計算してみよう

BMIの算出方法

$$\text{体格指数（BMI）} = \text{体重（kg）} \div \text{身長（m）}^2$$

例　22歳　身長160cm　体重56kg
　　56÷（1.6×1.6）=21.875≒21.9（kg/m²）

幼児期や学童期については、2級以上で学んでね

表2-1　目標とするBMIの範囲（18歳以上）[※1、※2]

年齢	目標とするBMI（kg/m²）
18〜49歳	18.5〜24.9
50〜64歳	20.0〜24.9
65〜74歳[※3]	21.5〜24.9
75歳以上[※3]	21.5〜24.9

※1　男女共通。あくまでも参考として使用すべきである。
※2　上限は総死亡率の低減に加え、主な生活習慣病の有病率、医療費、高齢者及び労働者の身体機能低下との関連を考慮して定めた。
※3　総死亡率をできるだけ低く抑えるためには下限は20.0から21.0付近となるが、その他の考慮すべき健康障害等を勘案して21.5とした。
出典：厚生労働省「日本人の食事摂取基準（2025年版）」

2）栄養素の指標

　それぞれの栄養素は、摂取不足の有無や程度を判断すること、過剰摂取による健康障害を避けること、生活習慣病の発症を予防することの3つの目的から、次の5つの指標[注2]が示されています。摂取不足を避けるための指標として、「推定平均必要量」と「推奨量」、または「目安量」が設定されています。また、過剰摂取による健康障害を未然に防ぐための指標として「耐容上限量」、生活習慣病を予防するための指標として「目標量」が設定されています（図2-1）。

注2
推定平均必要量：EAR
推奨量：RDA
目安量：AI
耐容上限量：UL
目標量：DG

図2-1　食事摂取基準の各指標を理解するための概念図

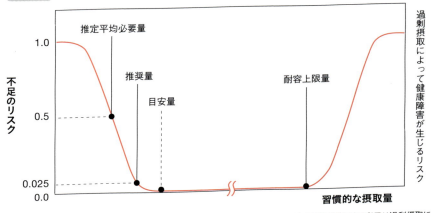

- 縦軸は、個人の場合は不足又は過剰によって健康障害が生じる確率を、集団の場合は不足状態にある者又は過剰摂取によって健康障害を生じる者の割合を示す。
- 不足の確率が推定平均必要量では0.5（50％）であり、推奨量では0.02～0.03（中間値として0.025）（2～3％又は2.5％）であることを示す。
- 耐容上限量以上を摂取した場合には過剰摂取による健康障害が生じる潜在的なリスクが存在することを示す。
- 推奨量と耐容上限量との間の摂取量では、不足のリスク、過剰摂取による健康障害が生じるリスク共に0（ゼロ）に近いことを示す。
- 目安量については、推定平均必要量及び推奨量と一定の関係を持たない。しかし、推奨量と目安量を同時に算定することが可能であれば、目安量は推奨量よりも大きい（図では右方）と考えられるため、参考として付記した。

※目標量は、ここに示す概念や方法とは異なる性質のものであることから、ここには図示できない。
参考：厚生労働省「日本人の食事摂取基準（2025年版）」

3）エネルギー産生栄養素のバランス

　エネルギーを産生する栄養素であるたんぱく質、脂質、炭水化物（アルコールを含む）が総エネルギー摂取量に占めるべき割合（％エネルギー）として、エネルギー産生栄養素バランスが、目標量として設定されています（表2-2）。これらの栄養素のバランスは、エネルギーを産生する栄養素の摂取不足を避ける目的のほかに、生活習慣病の発症や重症化を予防することを目的としています。

❶ 目標量（％エネルギー）からのエネルギー産生栄養素量の算出方法

　エネルギーを算出する栄養素であるたんぱく質、脂質、炭水化物の量を、エネルギー比率から求めます。各栄養素のエネルギー換算係数は、たんぱく質4、脂質9、炭水化物4です。
- 目標量がたんぱく質エネルギー比率15％エネルギーの場合
　　たんぱく質量(g)＝エネルギー量(kcal)×15÷100÷4

- 目標量が脂質エネルギー比率25％エネルギーの場合
  脂質量(g)＝エネルギー量(kcal)×25÷100÷9
- 目標量が炭水化物エネルギー比率60％エネルギーの場合
  炭水化物量(g)＝エネルギー量(kcal)×60÷100÷4

注3
エネルギー産生栄養素バランス エネルギーを産生する栄養素である。各栄養の範囲の下端や上端を合計しても100％にはならないが、1日の献立を考える際には、たんぱく質、脂質、炭水化物のエネルギー比率の合計が100になるように、目標量の範囲内で各栄養素の％エネルギー(%E)を設定する。

表2-2 エネルギー産生栄養素バランス（％エネルギー）[注3]

年齢等	たんぱく質[※3]	脂質[※4]（飽和脂肪酸）	炭水化物[※5、※6]
0～11か月	—	—	—
1～14歳	13～20	20～30（10以下）	50～65
15～17歳	13～20	20～30（9以下）	50～65
18～49歳	13～20	20～30（7以下）	50～65
50～64歳	14～20	20～30（7以下）	50～65
65歳以上	15～20	20～30（7以下）	50～65

目標量[※1、※2]

※1 必要なエネルギー量を確保したうえでのバランスとすること。
※2 範囲に関しては、おおむねの値を示したものであり、弾力的に運用すること。
※3 65歳以上の高齢者について、フレイル予防[注4]を目的とした量を定めることはむずかしいが、身長・体重が参照体位に比べて小さい者や、とくに75歳以上であって加齢に伴い身体活動量が大きく低下した者など、必要エネルギー摂取量が低い者では、下限が推奨量を下回る場合があり得る。この場合でも、下限は推奨量以上とすることが望ましい。
※4 脂質については、その構成成分である飽和脂肪酸など、質への配慮を十分に行なう必要がある。
※5 アルコールを含む。ただし、アルコールの摂取を勧めるものではない。
※6 食物繊維の目標量を十分に注意すること。
参考：厚生労働省「日本人の食事摂取基準（2025年版）」

注4 **フレイル** 老化に伴うさまざまな機能の低下により健康障害に陥りやすい状態をいう。

4）生活習慣病の予防のために注意が必要な栄養素

食塩量が少なくておいしい食事が必要だね

現在の日本人にとって望ましいと考えられる摂取量よりも実際の摂取量が少ない栄養素として、食物繊維とカリウムがあります。一方、望ましいと考えられる摂取量よりも実際の摂取量が多い栄養素には、飽和脂肪酸とナトリウムがあります。

日本人の食事摂取基準（2025年版）では、18歳以上のナトリウムの目標量（上限）を、食塩相当量として男性は1日7.5g未満、女性は6.5g未満としています。

3 食品群と食品構成

　日本人の食事摂取基準（2025年版）が示す、1日に必要なエネルギー量や栄養素量を摂取するためには、「なにをどれだけ食べればよいか」、具体的に食品に置きかえて考えます。

1）なにを食べたらよいか

　日常で私たちが食べている食品を、含まれている栄養素や体内での働きの特徴で同じグループにまとめていくと、いくつかのグループに分類できます。これを、食品群といいます。なにを食べたらよいかを考える際には、この食品群の単位で考えます。各食品群から偏りなく食品を選んで食べると、食事の栄養バランスをととのえやすくなります。代表的な食品群には、「三色食品群」「6つの基礎食品群」「4つの食品群」があります。

1 三色食品群

　三色食品群は、食品に含まれる栄養素の働きによって、赤、黄、緑の3つの色別に分類しています（表3-1）。1952年に広島県庁の岡田正美技師が提唱し、栄養改善普及会の近藤とし子氏が普及に努めました。保育園、幼稚園、小学校（低学年）で利用されています。

表3-1　三色食品群

食品群	働き	摂取が期待できる栄養素	食品
赤	血液、筋肉、骨、歯をつくる	たんぱく質、ミネラル	魚（小魚を含む）、肉、豆類、卵、乳類、海藻
黄	力や体温となる	炭水化物、脂質	穀類、砂糖、油脂、芋類
緑	体の調子をととのえる	ビタミン、ミネラル	緑黄色野菜、淡色野菜、果物、きのこ

2 6つの基礎食品群

　6つの基礎食品群は、食品に含まれる栄養素の働きによって6つのグループに分類しています（表3-2）。厚生労働省が提唱し、小学校（高学年）、中学校で利用されています。

表3-2 6つの基礎食品群

食品群	働き	含まれる栄養素	食品
第1群	●骨や筋肉などをつくる ●エネルギー源となる	たんぱく質	魚、肉、卵、大豆・大豆製品
第2群	●骨や歯をつくる ●体の各機能を調節する	ミネラル	牛乳・乳製品、海藻、小魚
第3群	●皮膚や粘膜を保護する ●体の各機能を調節する	カロテン	緑黄色野菜
第4群	●体の各機能を調節する	ビタミンC	淡色野菜、果物
第5群	●エネルギー源となる ●体の各機能を調節する	炭水化物	穀類、芋類、砂糖
第6群	●エネルギー源となる	脂肪	油脂

❸ 4つの食品群

4つの食品群は、食品に含まれる栄養素の働きによって、4つのグループに分類しています（**表3-3**）。女子栄養大学の創立者である香川綾が提唱したものです。日本人の食生活で常に不足している栄養素を補充するために、食事を完全にしてくれる乳・乳製品、卵を第1群としています。

表3-3 4つの食品群

食品群	働き	含まれる栄養素	食品
第1群	栄養を完全にする	良質たんぱく質 脂質 ビタミンA ビタミンB1 ビタミンB2 カルシウム	乳・乳製品 卵
第2群	肉や血をつくる	良質たんぱく質 脂質 ビタミンA ビタミンB2 カルシウム	魚介・肉 豆・豆製品
第3群	体の調子をととのえる	カロテン ビタミンC ミネラル 食物繊維	緑黄色野菜 淡色野菜 （海藻、きのこを含む） 芋 果物
第4群	力や体温となる	炭水化物 たんぱく質 脂質	穀類 油脂 砂糖

4 4つの食品群における各食品群の栄養的特徴

♠第1群　乳・乳製品

牛乳とその加工品である低脂肪乳、脱脂粉乳、チーズ、ヨーグルトなどがあります。

これらはビタミンC以外の栄養素を豊富に含み、とくに、良質たんぱく質、脂質、ビタミンB_2、ビタミンA、カルシウムが含まれています。

乳・乳製品のカルシウムの吸収率は約40％で、小魚の約30％、小松菜など野菜の約20％と比べて高いという特徴があります。乳・乳製品には、カルシウムの吸収を助けるたんぱく質や乳糖、ビタミンDが含まれているため、吸収率が高いのです。

乳・乳製品の脂質は、中鎖脂肪酸や短鎖脂肪酸が構成成分となっていますが、消化・吸収が速くエネルギーになるのが速い、体内に蓄積されにくいという特徴があります。

乳・乳製品のたんぱく質は、すべての必須アミノ酸を充分かつバランスよく含む良質たんぱく質であり、体たんぱく質の合成を盛んにします。さらに、成長を促進するビタミンB_2が多く含まれます。また、粘膜を正常に保つ働きがあるビタミンAに加え、感染防御因子である免疫グロブリン、ラクトフェリンなどが含まれています。

チーズの多くは食塩含有量が多いため、一度にたくさん食べたり、食べる頻度が高いと、食塩の過剰摂取につながるので注意が必要です。

♠第1群　卵

鶏卵、うずらの卵、加工品であるピータン[注1]、卵豆腐などがあります。

これらはビタミンC以外の栄養素を豊富に含み、とくに、良質たんぱく質、ビタミンB_2、ビタミンAが含まれます。また、コレステロールを多く含むことも特徴で、鶏卵1個（55g）には約204mgが含まれます。コレステロールは、細胞膜の構成成分のほか、ステロイドホルモンや胆汁酸、ビタミンDの合成材料になるなど、私たちの体になくてはならない栄養素です。卵白には、感染防御因子であるリゾチームが含まれています。

注1
アヒルの卵をアルカリ下で発酵させた中国の加工食品。色が黒っぽくなり、香りも強くなる。

♥第2群　魚介

　生鮮魚、干物、魚卵、貝類、エビ・カニ類、イカ・タコ類、ツナ、水産練り製品（かまぼこ、はんぺん、さつま揚げなど）などがあります。

　魚介類は、たんぱく質源となる食品群です。

　魚の種類によって、たんぱく質含有量や脂質含有量が異なります。タラ、カレイなどの白身魚やマグロの赤身、イカは、たんぱく質含有量が多く、脂質含有量が少なく、サンマ、ブリ、マイワシ、サバなどの青背魚は、たんぱく質含有量が少なく、脂質含有量が多い魚介です。青背魚には、EPA（エイコサペンタエン酸、IPAともいう）やDHA（ドコサヘキサエン酸）といった、n-3系脂肪酸が多く含まれます。

　魚介に含まれる鉄は吸収率が高いヘム鉄で、赤血球合成を促すビタミンB_{12}を含むことから、貧血の予防・改善に効果があります。また、ビタミンDを含むので、小腸でのカルシウムの吸収を促進し、じょうぶな骨の形成に働きます。

　水産練り製品や干物、魚卵のほか、みそ漬け、粕漬け、塩麹漬けなどの漬物類は、食塩含有量が多いので、食べる量に注意しましょう。

♥第2群　肉

　牛肉、豚肉、鶏肉、羊肉や内臓、加工品（ハム、ソーセージ、ベーコン）などがあります。

　これらは、良質たんぱく質、脂質、鉄、ビタミンB_1、ビタミンB_2、ビタミンB_{12}、葉酸を豊富に含んでいます。

　肉は、種類・部位によって、たんぱく質含有量や脂質含有量が異なります。鶏のささ身、牛・豚ヒレ肉は、たんぱく質含有量が多く、脂質含有量が少ない部位です。一方、牛・豚もも肉（脂身つき）、鶏もも肉（皮つき）は、たんぱく質含有量が少なく、脂質含有量が多い部位です。肉には、飽和脂肪酸が多く含まれます。

　吸収率の高いヘム鉄、ビタミンB_2、赤血球合成に関わるビタミンB_{12}と葉酸を含むので、貧血を予防・改善します。また、豚肉にはビタミンB_1が豊富に含まれているので、炭水化物の燃焼を促進し、疲労物質を減少させます。

　ハム、ソーセージ、ベーコンなどの加工品は、食塩含有量が多いので、食べすぎに注意が必要です。

♥第2群　豆・豆製品

　大豆とその加工品である豆腐、凍り豆腐（高野豆腐）、油揚げ、納豆、おから、きな粉、豆乳、湯葉に加え、大豆以外の豆類であるいんげん豆、あずき、えんどう豆もここに分類します。

　これらは、低エネルギー・低脂肪で、良質たんぱく質、鉄、カルシウム、食物繊維を豊富に含みます。ただし、大豆以外の豆類は、大豆に比べてたんぱく質の含有量が少なく、炭水化物を多く含みます。

　豆・豆製品の鉄は非ヘム鉄で吸収率が低いですが、動物性たんぱく質やビタミンCとともに摂取することで、吸収率は上がります。また、不溶性食物繊維を多く含みます。

　大豆には、オリゴ糖やイソフラボンが含まれています。食物繊維と同じような作用を持つオリゴ糖は、ビフィズス菌などの体によい腸内細菌を増やし、腸内環境をよくします。女性ホルモンと同じような作用を持つイソフラボンは、更年期障害を軽くしたり、骨粗鬆症の予防に役立ちます。

♣第3群　野菜、きのこ、海藻

　野菜は、ほうれん草、かぼちゃ、にんじん、ピーマンなどの緑黄色野菜（**表3-4**）と、きゅうり、白菜、キャベツなどの淡色野菜に分類されます。

　緑黄色野菜は、β-カロテン、ビタミンC、ビタミンB_1、ビタミンB_2、葉酸、鉄、食物繊維を豊富に含みます。トマトには、赤色の天然色素成分であるリコペン（リコピン）が含まれ、抗酸化作用があります。淡色野菜は、ビタミンC、ビタミンB_1、ビタミンB_2、食物繊維を含みます。

　きのこには、ビタミンB_1、ビタミンB_2が、海藻には、カルシウム、鉄、β-カロテンが含まれています。

　野菜・きのこ・海藻には、不溶性食物繊維が多く含まれています。

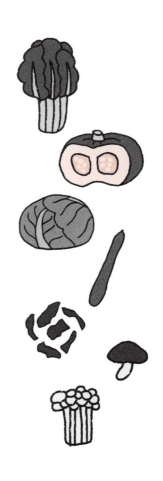

47

表3-4	緑黄色野菜一覧	

あさつき	だいこん（葉）	のびる
あしたば	**（たいさい類）**	パクチョイ
アスパラガス	つまみな	バジル
いんげんまめ（さやいんげん）	たいさい	パセリ
うるい	たかな	はなっこり
エンダイブ	**（たまねぎ類）**	**（ピーマン類）**
（えんどう類）	葉たまねぎ	青ピーマン
トウミョウ（茎葉、芽ばえ）	たらのめ	赤ピーマン
さやえんどう	ちぢみゆきな	オレンジピーマン
おおさかしろな	チンゲンサイ	トマピー
おかひじき	つくし	ひのな
オクラ	つるな	ひろしまな
かぶ（葉）	つるむらさき	ふだんそう
（かぼちゃ類）	とうがらし（葉、果実）	ブロッコリー（花序、芽ばえ）
日本かぼちゃ	**（トマト類）**	ほうれんそう
西洋かぼちゃ	トマト	みずかけな
からしな	ミニトマト	みずな
ぎょうじゃにんにく	とんぶり	**（みつば類）**
キンサイ	ながさきはくさい	切りみつば
クレソン	なずな	根みつば
ケール	**（なばな類）**	糸みつば
こごみ	和種なばな	みぶな
こまつな	洋種なばな	めキャベツ
コリアンダー	**（にら類）**	めだて
さんとうさい	にら	モロヘイヤ
ししとう	花にら	ようさい
しそ（葉、実）	**（にんじん類）**	よめな
じゅうろくささげ	葉にんじん	よもぎ
しゅんぎく	にんじん	ルッコラ
すいぜんじな	きんとき	**（レタス類）**
すぐきな（葉）	ミニキャロット	サラダな（水耕栽培）
せり	茎にんにく	リーフレタス
タアサイ	**（ねぎ類）**	サニーレタス
（だいこん類）	葉ねぎ	レタス（水耕栽培）
かいわれだいこん	こねぎ	サンチュ
葉だいこん	のざわな	わけぎ

※従来「緑黄色野菜」としてきたものに、「日本食品標準成分表2020年版（八訂）」において「可食部100gあたりβ-カロテン当量600μg以上のもの」を追加したもの。
参考：健健発0804第1号 令和3年8月4日 厚生労働省健康局 健康課長「『日本食品標準成分表2020年版（八訂）』の取扱いについて」

♣ 第3群　芋

じゃが芋、さつま芋、里芋、山芋、こんにゃくなどがあります。

でんぷんを主成分としていますが、ビタミンC、食物繊維も含んでいます。芋のビタミンCはでんぷんに囲まれているため、調理によって失われる量が少なく、また、長期保存によって失われる量が少ないという特徴があります。

♣ 第3群　果物

いちご、柑橘類、キウイフルーツ、すいか、梨、バナナ、りんごなどがあります。

果物はビタミンCの供給源で、とくに柑橘類に多く含まれています。生で食べることが多いので、調理によって失われることなくビタミンCを摂取できます。

いちごやりんごには、ペクチンという水溶性食物繊維が多く含まれています。

◆ 第4群　穀類

米、もち、パスタ、パン、小麦粉などがあります。

これらは、でんぷんを主成分とし、エネルギー源となる食品ですが、主食として摂取量が多いため、たんぱく質源にもなります。また、ビタミンB_1、食物繊維、マグネシウム、マンガン、銅、亜鉛も豊富に含まれています。マグネシウムは骨の構成成分として、マンガンは骨の代謝に関わっています。銅は、鉄の運搬を助け、赤血球やヘモグロビンの合成を促します。亜鉛は、味を感じる味蕾（みらい）細胞の再生を助けます。

米は、精白米のほかに、胚芽精米、玄米などがあり、精白米に比べ、ビタミンB_1、食物繊維、ミネラル類を豊富に含んでいます。

◆第4群 油脂類

植物油、バター、マーガリン、ラード、ヘット、ドレッシング、クリームなどがあります。

植物油には、アマニ油、オリーブ油、サフラワー油、とうもろこし油などがあり、それぞれ特徴があります。

アマニ油はα-リノレン酸を多く含み、アレルギー症状の緩和、血中コレステロール値や血圧の上昇を抑制します。

オリーブ油やサフラワー油はオレイン酸を多く含み、血中コレステロール値の上昇を抑制するほか、HDLコレステロール（善玉コレステロール）を減少させずにLDLコレステロール（悪玉コレステロール）を減少させて動脈硬化を予防します。また、酸化しにくいという点も特徴です。

とうもろこし油はリノール酸を多く含み、血中コレステロール値の上昇を抑制しますが、過剰摂取すると、HDLコレステロール（善玉コレステロール）を減少させます。リノール酸は酸化しやすい性質がありますが、とうもろこし油はビタミンEを多く含むため、酸化しにくくなっています。

◆第4群 砂糖類

砂糖、ジャム、はちみつ、水あめなどがあります。

砂糖はショ糖を主成分とし、ほかの栄養素を含まないエネルギーのみの食品として、エンプティーカロリーと呼ばれています。消化・吸収、食後の血糖値の上昇が速く、食べすぎると中性脂肪の合成が促進され、肥満を招きます。

◆第4群 その他（菓子、飲料類、調味料類）

飲料類には、果汁入り飲料、濃縮還元ジュース、アルコール、茶、乳酸菌飲料、スポーツドリンクなどがあります。調味料類には、みそ、しょうゆ、塩、みりん、ケチャップ、ソース、酢、香辛料、だし、ブイヨンなどがあります。

菓子には砂糖や脂質の多いものもあり、飲料類にも砂糖を多く含むものがあります。菓子・飲料類の食べすぎ・飲みすぎは、肥満、糖尿病、脂質異常症を招きます。酢、香辛料、だしなどは、減塩に有効的です。調味料には塩分や砂糖を多く含むものがあるので、適切に利用しましょう。

2）なにをどれだけ食べたらよいか

「1日にどれだけ食べたらよいか」の目安量を食品群別に示したものを、食品構成といいます。

表3-5は、成人期（18〜29歳、30〜49歳）を対象とした、4つの食品群で作成した食品構成の例です。各食品群の食品を、この表に示された量を目安に摂取すると、1日にとりたい栄養素量が大きな過不足なくとれるように作成されています。

この根拠となっているのは、一般生活者の食事記録に出現した食品とその量になります。日常の生活のなかで一般的に摂取されている食品に基づいて、食品群を構成する食品の割合を定めて作成しています。

表3-5 成人期における、4つの食品群の男女別・身体活動レベル別食品構成 (g)

身体活動レベル	性年齢	♠第1群 乳・乳製品 男	♠第1群 乳・乳製品 女	♠第1群 卵 男	♠第1群 卵 女	♥第2群 魚介・肉 男	♥第2群 魚介・肉 女	♥第2群 豆・豆製品 男	♥第2群 豆・豆製品 女	♣第3群 野菜 男	♣第3群 野菜 女	♣第3群 芋 男	♣第3群 芋 女	♣第3群 果物 男	♣第3群 果物 女	♦第4群 穀類 男	♦第4群 穀類 女	♦第4群 油脂 男	♦第4群 油脂 女	♦第4群 砂糖 男	♦第4群 砂糖 女
低い	18〜29歳	300	250	55	55	170	100	80	80	350	350	100	100	150	150	340	240	20	15	10	10
低い	30〜49歳	250	250	55	55	170	100	80	80	350	350	100	100	150	150	380	250	20	15	10	10
ふつう	18〜29歳	300	250	55	55	180	120	80	80	350	350	100	100	150	150	430	310	30	15	10	10
ふつう	30〜49歳	250	250	55	55	200	120	80	80	350	350	100	100	150	150	450	330	30	15	10	10
高い	18〜29歳	380	300	55	55	220	150	100	80	350	350	100	100	150	150	510	360	30	20	10	10
高い	30〜49歳	380	250	55	55	220	150	100	100	350	350	100	100	150	150	530	390	30	20	10	10

※野菜はきのこ、海藻を含む。また、野菜の1/3以上は緑黄色野菜でとることとする。
※エネルギー量は、「日本人の食事摂取基準（2025年版）」の参考表・推定エネルギー必要量の93〜97％の割合で構成してある。各人の必要に応じて適宜調整すること。
※食品構成は「日本食品標準成分表（八訂）増補2023年」で計算。

3）食品の概量

食品には、流通・販売する際の規格があり、その規格を食品の一つの単位としています。なにをどれだけ食べるかを考える際に、食品の単位や概量がわかっていると、食品構成に示された目安量を用いて料理の献立を考える際に役立ちます。

表3-6は、食品を4つの食品群によって分類し、各食品の概量とその重量を示したものです。一般に流通されている食品の概量と1回使用あたりのおおよその重量がわかります。

この表を参考に、食品構成に示された目安量（表3-5）に沿って、「1日になにをどれだけ食べればよいのか（目安量）」を考えながら、献立を立ててみましょう。

| 表3-6 | 4つの食品群別、食品の概量と重量 |

	食品群		食品	概量	重量(g)
♠ 第1群	乳・乳製品		普通牛乳	1パック(200mL)	206
			スライスチーズ	1枚	18
			6Pチーズ	1個	25
	卵		卵	1個	55
♥ 第2群	魚介類		切り身(サケ、タラなど)	1切れ	60〜80
			切り身(サケ、タラなど)	1切れ(厚みが大きい場合)	100〜120
			刺し身(マグロ)	1切れ	10〜15
			マグロ缶詰めフレーク	1缶	80
	肉類		豚肉　しょうが焼き用	1枚	30
			豚肉　豚カツ用	1枚(厚さ約1.5cm)	80〜100
			鶏肉　もも(から揚げ用)	1切れ	20〜30
			鶏肉　ささ身	1本	45
			牛肉　焼き肉用	1枚	20
			牛肉　しゃぶしゃぶ用薄切り	1枚	20
			ロースハム	1枚	20
			ベーコン	1枚	20
			ソーセージ	1本	20
	豆・豆製品		豆腐	1丁	300
			油揚げ	1枚	30
			納豆	1パック	50
			納豆(丸カップ、小サイズ)	1パック	30
♣ 第3群	野菜類	緑黄色野菜	青菜(ほうれん草、小松菜など)	1束	200〜250
			青菜(ほうれん草、小松菜など)	お浸し小鉢1杯程度	50〜70
			トマト	1個	200
			トマト	くし形切り1切れ	20
			ミニトマト	1個	15
			ブロッコリー	1切れ	10〜15
		淡色野菜	きゅうり	1本	100
			キャベツ	Mサイズ1個	750〜1000
			キャベツ(せん切り)	主菜につけ合わせる量	30〜50
			大根(輪切り)	2.5cm厚さ	100
			大根(せん切り)	みそ汁1杯分	30〜50
			玉ねぎ	1個	200
		きのこ	しいたけ	1個	10
			しめじ	1パック	100
	芋		じゃが芋	1個	90〜120
	果物		いちご	1個	10
			キウイフルーツ	1個	100
			バナナ	中サイズ1本	120
			りんご	1個	250〜300
			りんご	くし形切り1切れ	30
			みかん	中サイズ1個	80
♦ 第4群	穀類		ごはん	中茶わん1杯	150
			食パン	6枚切り1枚	60
			ロールパン	1個	30
			冷凍うどん	1玉	200
			中華めん(生ラーメン)	1玉	120
			蒸し中華めん(焼きそばめん)	1玉	150
	油脂		油	小さじ1	4
			バター、マーガリン	小さじ1	4
			マヨネーズ	小さじ1	4
	砂糖		砂糖	小さじ1	3
			ジャム	1回量(食パン1枚)	15〜20

4 食事の構成

私たちは、成長や健康の維持・増進に必要なエネルギーや栄養素を、食事からとります。食品に含まれるエネルギーや栄養素の特徴を知り、食品を組み合わせて料理とし、料理を組み合わせて食事を構成していきます。

必要なエネルギーおよび栄養素量は、1日あたりの習慣的な摂取量として考えます。食事は1日のなかで、朝食、昼食、夕食として3回に分けてとることで、1日の摂取量になります。私たちは、さまざまな料理の異なる味や香りを楽しみながら、日々の食生活を営んでいます。したがって、エネルギーや栄養素の摂取量も食品の摂取量も、食事ごと、あるいは日ごとに異なり、変化しています。どのような料理や食品を組み合わせるかは、1回の食事を単位として考えます。

1回の食事をどのように構成するのかを学ぼう

1) 料理区分

日本の伝統的な食事の構成は、主食と副食に分けられます。副食は、一汁二菜あるいは一汁三菜といわれ、汁料理と2つないし3つのおかずとの組み合わせです。おかずである菜は、主菜と副菜の料理区分で考えます。二菜は主菜1つと副菜1つ、三菜は主菜1つと副菜2つとなります。それぞれの料理区分には、栄養的な特徴から食品の組み合わせ方があります（図4-1・4-2）。

図4-1 一汁二菜の配膳

図4-2 一汁三菜の配膳

1回の食事の構成（表4-1）は、料理区分ごとの食器の使い方（皿数）をイメージして考えるとよいでしょう。図4-1・4-2のように、主食のごはん茶わん、汁物の汁わん、主菜の皿、副菜の皿や小鉢など、料理を盛りつけるのに適した食器を考え、食卓での組み合わせをイメージします。また、食器の大きさによって、盛りつける適量があります。食器の大きさを考えながら、食品や料理の適量もイメージしましょう。

皿数をイメージしよう

表4-1 食事の構成

料理区分			食品群		栄養的特徴
主食	主食	4群	穀類	米、パン、めんなど	炭水化物源
副食	主菜	1群	卵、乳・乳製品	鶏卵、牛乳、チーズなど	たんぱく質源、脂質源、ビタミン源、ミネラル源
		2群	肉・魚介、豆・豆製品	豚肉、鶏肉、牛肉、魚、貝、豆腐、納豆など	
	副菜	3群	野菜類（きのこ、海藻を含む）、芋、果物など	緑黄色野菜、淡色野菜、きのこ、海藻、芋、果物など	ビタミン源、ミネラル源、食物繊維源
	汁物	1群～3群	卵、肉・魚介、豆・豆製品、野菜類（きのこ、海藻を含む）、芋	鶏卵、豆腐、豚肉、貝、野菜、海藻、芋など	たんぱく質源、ビタミン源、ミネラル源、食物繊維源

2）主食 ── 穀類（飯、めん、パンなど）を主材料とする料理

1回の食事のエネルギー量の 40～45%

　主食は、1食の食事の構成のなかでエネルギー源であり、炭水化物源となります。日本は米を主食とする食文化を持ち、米の自給率は100％です。米以外の主食としては、小麦粉を材料とするうどんやスパゲッティなどのめん類、パン類などがあります。

　栄養バランスを適切に保つには、1回の食事の構成において、エネルギー量の40～45％を主食から摂取できるように計画します。飯料理は白飯が一般的で、これには調味料を加えないため、味のついた主菜や副菜と組み合わせることで、味の調和もとりやすくなります。飯に味つけした炊き込みごはん、主菜と組み合わせた複合料理である親子丼やカレーライスなどの料理もあります。これらの料理はほかの料理と組み合わせずに単品で食べる場合もありますが、副菜を組み合わせることで、栄養バランスをよくすることができます。

　主食の概量とエネルギー量を、**表4-2**に示します。主食の主材料が変わっても、1回の食事において、おおよそ同じくらいのエネルギー量がとれるように計画しましょう。

これらも主食とするよ

炊き込みごはん

親子丼

カレーライス

表4-2　主食の概量とエネルギー量

	種類	目安重量 (g)	エネルギー (kcal)[1]
飯	子ども茶わん1杯	100	156
	中茶わん1杯	150	234
	大茶わん1杯	230	359
	どんぶり1杯	250	390
めん	うどん（ゆで）1玉	230	219
	スパゲッティ（乾めん）1人分	80	278
パン	角形食パン4枚切り1枚	90	223
	6枚切り1枚	60	149
	8枚切り1枚	45	112
	ロールパン1個	30	93
	クロワッサン1個	40	162

[1]「日本食品標準成分表（八訂）増補2023年」で計算。

3）主菜——卵、乳・乳製品、肉・魚介、豆・豆製品を主材料とする料理

　主菜は、たんぱく質源となる食品を主材料とした料理ですが、脂質やビタミン、ミネラルなどの供給源にもなります。献立の中心（メイン）となる料理で、一品の料理としての量（重量、容量）が副菜より多く、副菜の器より大きな器に盛りつけることで、見た目にも中心の料理となります。

　一皿の構成として、料理によっては、主菜に副菜を合わせて盛りつける場合もあります。この場合の副菜を、"つけ合わせ"といいます。例えば、焼き魚に合わせる大根おろし、豚カツに合わせるキャベツのせん切りなどです。主菜の主材料が50〜120gに対して、つけ合わせは30〜70gです。

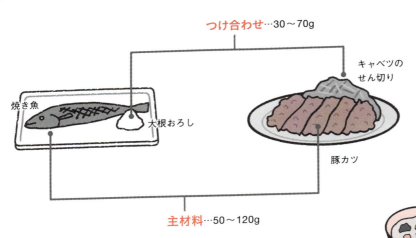

　また、肉じゃが、八宝菜、シチューなどのように、たんぱく質源となる食品と野菜類や芋類とを合わせて1品とする料理もあります。

4）副菜 —— 野菜、きのこ、海藻、芋などを主材料とする料理

1品の材料 …70g

　副菜は、ビタミン源、ミネラル源、食物繊維源となる、野菜、きのこ、海藻、芋などを主材料とする料理です。あえ物、煮物、いため物、揚げ物などさまざまな調理法の料理があり、また、温かい料理である温菜、冷たい料理である冷菜などがあります。

　主菜と異なる調理法や味つけを選ぶことで、彩りや栄養的なバランスがとりやすくなります。1品の材料は、70g 程度が目安です。

5）汁物 —— 水分を補給する料理

でき上がり量 …150～180g
（具の量…30～50g）

でき上がり量 …200～250g
（具の量…50～100g）

　汁物は、主食、主菜、副菜などを食べる間にとることで水分が補給でき、食事全体を食べやすく・飲み込みやすくする料理です。すまし汁やみそ汁などは、カツオ節、こんぶ、煮干しなどのだしを味わう料理です。また、日本料理以外の料理の様式に合わせただしのスープもあります。

　ビタミンや食物繊維源となる野菜、きのこ、海藻、芋など、また、たんぱく質源となる豆・豆製品、卵、肉、魚介など、具材とその量によっては、副菜や主菜として分類されます。

　汁わんに盛りつける適量は、汁と具を合わせたでき上がり量として 150 ～ 180g で、このうち具の量は 30 ～ 50g が目安です。具を多くした汁の場合には、食器を大きなサイズにし、でき上がり量として 200 ～ 250g、具の量は 50 ～ 100g を目安とします。

6）食事バランスガイド

　食事バランスガイドは、厚生労働省と農林水産省によって作成された、健康的な食事のとり方を示したものです。日本の伝統的な遊具の「コマ」をイメージし、食卓でのお皿のそろえ方を料理単位で示しています（**図 4-3**）。

　具体的には、**表 4-3** のように定義しています。1 皿単位に考え、数え方を日本語での数え方の「つ」という単位で「1つ」「2つ」などと表しています。また、これを「サービングサイズ」という提供する単位として「SV」という表記もします。

図4-3 食事バランスガイド

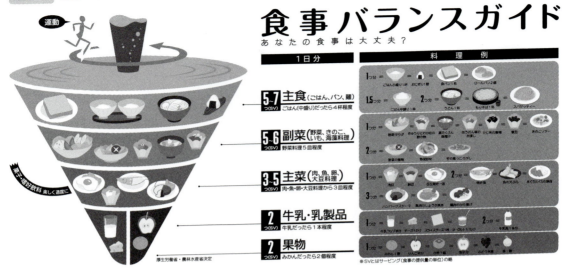

表4-3 食事バランスガイドによる5つの料理区分における基準

料理区分	主材料（例）	1つ（SV）に対応する主材料の量の基準	1つ（SV）の料理例	1日にとる量（成人） つ（SV）	1日にとる量（成人） 日常的な表現	栄養学的な位置づけ
主食	ごはん、パン、めん	炭水化物約40gに相当すること。ごはんなら100g。	●市販のおにぎり1個	5～7つ（SV）	ごはん中盛りだったら4杯程度 ※中盛り＝約1.5つ	炭水化物の供給源
副菜	野菜、きのこ、芋、海藻	主材料の重量が約70gであること	●野菜サラダ ●野菜の小鉢	5～6つ（SV）	野菜料理5皿程度	各種ビタミン、ミネラルおよび食物繊維の供給源
主菜	肉、魚、卵、大豆 など	たんぱく質約6gに相当すること。鶏卵なら1個。	●目玉焼き（鶏卵1個） ●納豆1カップ ●冷ややっこ（豆腐1/2丁）	3～5つ（SV）	肉・魚・卵・大豆料理から3皿程度	たんぱく質の供給源
牛乳・乳製品	牛乳、乳製品	カルシウム100mgに相当すること。牛乳なら100mL。	●牛乳コップ1杯 ●ヨーグルト1カップ	2つ（SV）	牛乳だったら1本程度	カルシウムの供給源
果物	果物	主材料の重量が約100gであること	●みかん1個	2つ（SV）	みかんだったら2個程度	ビタミンCやカリウムの供給源

7）1人分の料理に使われる食品群別食品の目安量

　表4-4に、1人分の料理に用いる食品の目安量を一覧で示します。1品ずつに料理としての適量があるため、複数の料理を組み合わせて食事を構成する際には、1回の食事量としての適量を考えることもたいせつです。栄養量が適切であっても、食事量として多すぎると食べきれず、少ないと満足感が得られません。

　例えば、主食180g、汁物170g、主菜100g＋つけ合わせ40g、副菜70gとすると、1食は560gとなります。水分量が多いと、それだけ重量・容量が多くなり、量の割合に対して、摂取できるエネルギーおよび栄養素量は減ります。1品ごとの料理としての適量と、1食としての適量を考えることがたいせつです。

表4-4 1人分の料理に使われる食品の目安量

			10g以下	10〜30g	30〜50g
第1群	乳・乳製品	乳製品	チーズ（スパゲッティなどにかける）	スライスチーズ1枚 6Pチーズ1個	コーンスープの牛乳、ミルク紅茶
		卵		かきたま汁、卵とじ、チャーハン用いり卵、茶わん蒸し、カスタードプディング **ほかの副材料と合わせる料理**	
第2群		魚介	カツオ節（あえ物の天盛り） 天盛りは、味を引き立てるもので、ごく少量です。	シラス干し（おろしあえ）	マグロの山かけ
		肉	スープ用ベーコン **塩分や脂質の多い加工品**	野菜いため用、野菜のそぼろあん、五目鶏飯、いりどり、豚汁、ハムエッグのハム	豚肉とキャベツのいため物、肉じゃが、コロッケのひき肉、シューマイ、豚肉とピーマンせん切りいため、チキンライス **野菜などの副材料と合わせる料理**
		豆・豆製品	油揚げ（汁の具用） 標準的な油揚げは1枚20g。みそ汁の具としては、4〜6人分で1枚程度、1人分は10g以下です。主材料として使ういなりずしとは、使用量がまったく違います。	豆（乾物・煮豆用）、けんちん汁の豆腐	納豆1パック、汁の具用（豆腐）、いなりずし用油揚げ、白あえの豆腐、ポークビーンズ用乾燥豆、凍り豆腐（乾物1/2枚）の卵とじ、豆腐とわかめのすまし汁
第3群		緑黄色野菜	汁の具用（三つ葉、青ねぎ）、パセリ（スープやムニエルの青み）、煮物の青みや彩り野菜（さやえんどう2枚）	汁の具（ほうれん草、春菊）	煮物用にんじん、にんじんのグラッセ、ピーマンのいため物、にんじんポタージュ、サラダ（レタスなどの葉物中心）
		淡色野菜	汁の具用（きのこ、ねぎ）	汁の具（もやし、なす、竹の子）、たくあん、野菜サラダ、切り干し大根（乾物・煮物用） レタスなどの葉物中心のサラダは、100gだとどんぶり1杯になり、食べるのもたいへんです。	つけ合わせ（大根おろし）、汁の具（大根）、漬物（なす、かぶ、きゅうりなど）、きんぴらごぼう
		芋			汁の具用（じゃが芋）
		果物	さくらんぼ1個、干しあんず1枚	いちご1個、ブルーベリー10粒、干しぶどう大さじ1杯	オレンジゼリー（果汁）、キウイフルーツ1/2個、パイナップル1切れ
第4群		穀類	ソースやスープのルー、アイスボックスクッキー（5枚分）、マドレーヌ（1個分） **お菓子などの粉**	蒸しパン1個、クレープ1枚、コーンフレークカップ1杯、ロールパン、サンドイッチ用パン2枚	マカロニグラタン（乾物）、食パン12枚切り1枚、フレンチトーストのパン、クロワッサン、冷やしじるこ（白玉団子）
		油脂	トースト用のバター、ソテー用のバター、いため物用の油	マヨネーズ（ポテトサラダ）、天ぷらの吸油用（1皿分） 天ぷらは、素材の形によって衣の量が変わり、油の量も変わります。	
		砂糖	紅茶・コーヒー用（スティック状の砂糖1本3〜5g）、かぼちゃや芋の煮物の砂糖	煮豆用、ゼリー用、ドーナツ用、カスタードプディング用	おしるこ用

58

50〜70g	70〜100g	100〜150g	150〜200g
牛乳の寒天寄せ、ブラマンジェ	ヨーグルト、ホワイトソース		コップ1杯の牛乳
目玉焼き、厚焼き卵、いり卵（スクランブルエッグ）**卵1個を1人分で使う料理**	プレーンオムレツ		
アジの開き、スパゲティの具（アサリ、イカ、エビなど）、魚のピカタ、みそ汁（貝殻つき）	魚のなべ照り焼き、焼き魚、サバの竜田揚げ、サケのムニエル、サバのみそ煮、刺し身 **切り身の魚**	アジの煮つけ1尾、ブリ大根（骨つき） **骨つきの魚**	
親子丼、酢豚	豚肉のしょうが焼き、カレーやシチューの肉、鶏肉のから揚げ（骨なし）、ハンバーグ、ポークソテー	ビーフステーキ	ローストチキン（骨つき1本）
		肉を中心とした主菜の料理	
いり豆腐 煮豆	生揚げと豚肉のみそいため、うの花いり	擬製豆腐、揚げ出し豆腐、冷ややっこ、湯豆腐、麻婆豆腐	
	豆製品や豆腐を中心とした料理		
野菜のポタージュ、温野菜サラダ、ブロッコリーのサラダ	青菜のお浸し、ソテー（ほうれん草など）、ピーマンのいため物、かぼちゃの煮物、サラダ（トマト、きゅうりなど）	かぼちゃの煮物	
つけ合わせ（せん切りキャベツ）、即席漬け（キャベツなど）、きゅうりとわかめの酢の物	キャベツとハムのいため物、もやしのいため物、コールスロー、コーンスープ、せん切り野菜のスープ、なすの中国風あえ物	大根の煮物、白菜のスープ煮	
粉吹き芋、マッシュポテト、ポテトサラダ	さつま芋のレモン煮、コロッケ、スイートポテト、大学芋、里芋の煮物、じゃが芋のポタージュ	じゃが芋のいため物、ゆでじゃが芋のサラダ	
	りんごのコンポート、みかん1個	バナナ1本	
もち（角型1個）、食パン6枚切り1枚	サンドイッチ、かけうどん用（乾めん）、スパゲティ用（乾めん）	ごはん（茶わん1杯）、ハムライス、ピラフ、炊き込みごはん、おこわ	どんぶり物やカレーライスの飯、ちらしずし、ゆでうどんやそば1玉
	乾物の穀類	**主食のごはんやめん** 普通（茶わん1杯）➡多め（どんぶりサイズ1杯）	

> 卵1個は約50gで、1人1個を料理に使うことが多い。覚えておくと便利！

> 乾物は、料理するときの状態の重量と加熱後の重量を知っていると役立ちます。例えば、煮豆を作るときの乾物重量ともどし後重量（➡参照p.118）。

> 野菜は、献立の中で副菜か、つけ合わせかの位置づけで、重量が違います。
> 〈野菜や芋の料理〉
> 副菜：70〜150g
> 副々菜：30〜50g
> つけ合わせ：30g（和風料理）:50〜70g（洋風料理）
> 漬物：10〜30g

> みそ汁の実は、具の少ないものは30〜50gを目安にし、2〜3種類をとり合わせます。おかずになるような実だくさんの汁物では、50〜100gで、豆腐や肉などのたんぱく質も入ります。

> 主食と主菜を兼ねた料理は、ごはんの量が多めになりますね。

2 食生活と栄養 2 なにをどれだけ食べればよいか／食事の構成

5 1日分の献立作成

　献立は、1回の食事における料理の組み合わせを示すものです。主食、主菜、副菜、汁物の構成で、具体的な料理を考えます。1日の献立は、朝食、昼食、夕食の3回に分け、1日で摂取したいエネルギーや栄養素量を満たせる食品群ごとの、およその目安量をもとに考えます。この、食品群ごとの目安量のことを、食品構成といいます。具体的には、p.51の**表3-5**に示されています。

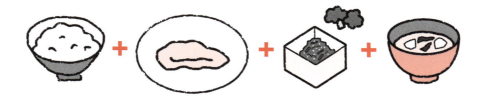

1) 献立を考える前の確認事項

献立を考える前に、次の3点を確認します。

❶ 食べる人がだれであるか。
❷ どの食事区分（朝、昼、夕）の献立であるか。
❸ 食べる人の生活時間や1日の行動。

　朝食は、食事の準備や食べるための時間がどのくらいなのかを確認します。昼食は、家庭で準備して食べるのか、家以外で食べるのか。家以外で食べることも多いため、その場の食環境を考えます。夕食は朝食と同じく、食事の準備や食べるための時間がどのくらいなのかを確認します。

2) 献立作成

　献立を考えるときには、主食、主菜、副菜、汁物の構成をもとに、具体的な料理を決めていきます。家にある材料を確認して、それを用いた献立を考えてもよいですし、前後の食事の内容をふまえてどのような料理にするか考え決定し、不足する材料は購入するようにしてもよいです。また、旬などの食品を購入し、それに応じて献立を考えてもよいでしょう。主材料となる食品を中心に、主菜、副菜などの料理を、1食の食事構成に合わせて考えます。

1 主食を決める。
穀類のなかで、ごはん、めん、パンなどから選びます。

▼

2 主菜を決める。
卵、肉、魚、豆・豆製品のなかから、主材料と調理法を考えます。3食の主菜は、できるだけ同じ材料や調理法にならないほうが、栄養のバランスはとりやすいです。和風、洋風、中華風など味つけも考慮し、具体的な料理を考えます。

▼

3 副菜を決める。
主菜に合わせて考え、主菜のつけ合わせとしての副菜や、主菜とは別の食器に盛りつける料理を決めます。主菜に野菜や芋などが含まれている場合は、その材料を考慮します。調理法や味つけも、主菜と同じにならないほうが、栄養のバランスはとりやすいです。

野菜類は、彩りも考えて選びます。具体的には、緑黄色野菜の緑色や赤色、黄色、淡色野菜のうすい緑色や白色、きのこの濃い茶色、海藻の黒色や濃い緑色などで、食事全体の彩りも考えましょう。

▼

4 汁物や飲み物を決める。
主菜や副菜の味を考慮して、汁物を考えます。主菜や副菜で使わなかった材料を選ぶと、より多様な食品をとることにつながります。食塩量を考慮し、汁物ではなく、野菜ジュース、牛乳、豆乳、お茶などの飲み物にしてもよいです。また、いずれの食事でも、お茶やコーヒーなどさまざまな飲み物のなかから、食後に飲むものを決めます。

▼

5 間食
3回の食事の間の間食として、3食の食事でとりにくい食品を考えます。果物、乳製品、芋などを、飲み物とともに選ぶとよいでしょう。また、菓子類も楽しみの一つなので、適量を考えて計画します。

1日分の食事について計画してみよう

3）献立作成の実際

対象者
自分（女子大学生、18歳）。
一人暮らし。
身体活動レベル「ふつう」
23.5点（1,880kcal）を目標
とする。

冬
- 朝食は、あまり時間をかけないでできる献立がよい。
- 学校のある日の昼食は、学生食堂かコンビニエンスストアで購入する。
- 夕食は、調理や食事にも時間をかけることができる日が多い。
- 野菜類は、自宅にある材料を中心に考える。玉ねぎ、にんじん、じゃが芋を常備している。
- 卵、牛乳、ヨーグルトも常備している。朝食の主食はパンとしている。

表5-1 献立チェック表

食事区分	料理構成	料理名	材料	飯	パン	めん	卵	肉	魚	豆・豆製品
朝	主食	トースト	食パン		90					
	主菜	目玉焼き	卵、油、塩、こしょう				55			
	副菜									
	副菜									
	汁物	野菜スープ	ベーコン、ほうれん草、にんじん、玉ねぎ、顆粒ブイヨン、塩、こしょう					5		
	飲み物	牛乳	牛乳							
	その他	フルーツヨーグルト	ヨーグルト、バナナ							
昼	主食	ごはん	精白米	80						
	主菜	豚肉とピーマンの細切りいため	豚もも、ピーマン、ねぎ、しいたけ、しょうが、油、酒、しょうゆ					50		
	副菜	大根とじゃこのサラダ	大根、青じそ、ちりめんじゃこ、ポン酢						2	
	副菜									
	汁物	豆腐とわかめの中華スープ	もめん豆腐、わかめ（もどし）、ねぎ、顆粒中華だし、酒、しょうゆ、こしょう、塩							20
	飲み物	緑茶	ウーロン茶浸出液							
	その他									
夕	主食	ごはん	精白米	80						
	主菜	ブリの照り焼き	ブリ、酒、しょうゆ、砂糖、油						80	
	副菜	大根おろし	大根							
	副菜	ほうれん草のお浸し	ほうれん草							
	汁物	根菜のみそ汁	大根、ごぼう、にんじん、里芋、カツオ・こんぶだし汁、塩、しょうゆ							
	飲み物	緑茶								
	その他	みかん	みかん							
間食	間食1	チョコレート菓子	チョコレート菓子							
	間食2	コーヒー	コーヒー浸出液							
			合計	160	90	0	55	55	82	20
			目安量		310		55	120		80

朝食	野菜スープを数回分まとめて作っておく。
昼食	学生食堂で定食を選ぶようにする。
夕食	昼食の主菜と異なる材料や調理法をなるべく選ぶようにして、料理を考える。

下記の**表5-1**の表頭に示す項目を考えながら、重なりや不足を調整しながら献立を考えていきます。目安量は守る値ではなく、献立を考えるときに参考にするとよい値です。1日単位の過不足は、1週間のなかで調整するくらいに考えて活用します。

淡色野菜	緑黄色野菜	海藻、きのこ	芋	乳・乳製品	果物	揚げる	焼く	煮る	あえる	その他	和風	洋風	中華風	その他
							○							
							○							
15	45							○				○		
				150						○				
				100	40				○					
										○				
10	70	10				○							○	
40	1								○		○			
	3	10						○					○	
										○				
							○					○		
60														
	70							○				○		
30	10		20					○				○		
					100									
155	199	20	20	250	140									
	350		100	250	150									

3 日本の食文化

Chapter 2

1 日本の食文化

1）「和食」とその特徴

　人間の食事はほかの動物とは違い、食料を自ら生産して加工し、調理します。また、国や地域によって、食事の時間や場所、使う食器、作法、だれと食べるかなどはさまざまで、私たちは無意識のうちにそれぞれの食文化を身につけ、それに従って食事をしています。日本であれば、ごはんを中心におかずや汁物を組み合わせ、箸を使って食べるほか、例えば赤飯を見ると祝事をイメージします。モノや情報がグローバル化した現在でも、身のまわりにはそうした食文化が息づいているのです。

　日本の食文化はその独自性が評価され、ユネスコ（国際連合教育科学文化機関）の無形文化遺産[注1]に「和食：日本人の伝統的な食文化」として、2013年に登録されました。ここでいう「和食」は、個々のメニューではなく、食材の生産・加工、調理、食事作法など、日本の伝統的な食文化全体をさしています。以下に、ユネスコに提出された申請書であげている、和食の4つの特徴を見ていきましょう。

注1
無形文化遺産　伝統芸能や祭り、伝統工芸技術、しきたりなどが対象である。

①多様で新鮮な食材とその持ち味の尊重

　北海道から沖縄まで南北に細長い日本列島では、それぞれの地域に、特色ある海・山・里の幸がたくさんある。質のよい水に恵まれ、だしの文化、茶や酒の文化も発達した。

②栄養バランスに優れた健康的な食生活

　和食の献立は、飯を中心に汁物とおかずを組み合わせた、一汁二菜、または一汁三菜が基本である。栄養バランスがとりやすく、魚介類や野菜が多く用いられるので、世界から健康的だと評価されている。

③自然の美しさや季節の移ろいの表現

　日本列島は地理的条件により四季がはっきりしている。日本人は季節の変化に敏感で、季節を反映した食材を活用し、また、食器や盛りつけでも季節を表現し、それぞれの季節を楽しむくふうをしてきた。

④正月などの年中行事との密接な関わり

　四季のリズムは日本人の生活や信仰と結びついており、正月をはじめとするさまざまな年中行事や儀式を生み出した。こうした機会に作られてきた雑煮や赤飯、団子などの行事食を、家族や親せき、地域の人々とともに食べ合うことで、互いの幸せを願い、絆を深めてきた。

図1-1 和食の4つの特徴

①多様で新鮮な食材とその持ち味の尊重

恵まれた自然を生かした多様な食材。素材を生かした調理技術や調理道具。

③自然の美しさや季節の移ろいの表現

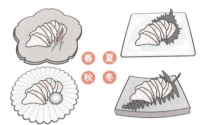

旬の食材を生かした料理に、季節の花や葉、季節に合った器や調度品を利用し、季節感を楽しむ。

②栄養バランスに優れた健康的な食生活

一汁二菜、一汁三菜を基本にし、うま味を生かした料理や動物性脂肪の少ない食生活が、日本人の長寿や肥満防止に役立つ。

④正月などの年中行事との密接な関わり

家族や地域で食事をともにすることにより、お互いの絆を深める。

　和食の文化は、日本の自然や歴史によって育まれてきました。和食は現在、そのよさが海外では広く認められ注目されている一方、国内ではあたりまえだと思われ、正しく評価されておらず、衰退も心配されています。日本人の暮らし方は変化していますが、私たち一人ひとりが和食を正しく理解し伝えていくことが、たいせつになっています。

2）食事の歴史と献立形式

　和食の献立の基本は、飯と汁とおかずの組み合わせです。稲は縄文時代後期に日本に入ってきて、初めは焼畑で栽培され、縄文時代晩期に水田稲作が伝わって、弥生時代に本格化します。とはいえ、米だけを主食にできるようになったわけではなく、弥生時代も、狩猟・採集・漁労による食料や、芋類・雑穀などの農作物も重要な食料でした。

　貯蔵性が高い米は、貧富の差や集落間での戦争を発生させ、やがて小さい国家が複数生まれます。全国を統一したヤマト王権は、水田を貸して米を徴収する仕組み（班田収授法）を作りました。稲・米は歴史を通じて、単なる作物・食料ではなく、日本社会の経済・政治の中心的な存在であり続けました。

　こうして徴収した米を豊富に貯えた支配者たちによって、米を中心とした食事の形式がととのえられていきました。本来、和食の献立の基本は一汁二菜、一汁三菜（図1-2）とされていますが、この組み合わせは平安時代の絵画に見ることができます。図1-3は、歯が痛い男性の姿ですが、目の前には脚のついていないお膳に、飯・汁・おかず3品が置かれています。飯は食べる人の左手前、汁は右手前、おかずは飯・汁の奥という配置も同じです。現在は、茶わんに盛った

飯に箸を挿すのはマナーに反するとされていますが、この時代にはそのマナーがなかったのか、歯が痛くてそれどころではなかったのか、いずれにしても興味深い史料です。

図1-2 一汁三菜

図1-3 平安時代の一汁三菜

「歯槽膿漏の男」『病草紙』平安時代後期 12世紀（京都国立博物館蔵）より一部をトレース

3）日本の食事マナー

1 箸使いのマナー

　日本の食事の基本的な道具は、箸・わん・皿です。箸は、飛鳥時代ごろに中国から伝わってきたもので、中国はもとより、中国文明の影響を受けている朝鮮半島やベトナムにも伝わり使われました。ただし、箸を使う国々のなかで、日本だけが異なっている点があります。ほかの国では、箸だけでなく、さじ（スプーン）も使って食事をするのに、日本では箸しか使わないのです。中国から伝わったときに箸とさじはセットで伝わったため、宮中で特権的に箸が使われていた（一般の人は手づかみで食べていた）時代は、箸とさじはセットで使われていました。しかし、箸が広まる際に、さじは脱落してしまいました。

　箸だけが使われるようになったことで、日本では食器を手に持って食べることがマナーとなりました。さじがないので、料理をこぼさないように食器を口の近くまで持ってくるわけです。一方、箸とさじの両方を使う韓国では、食器は持たず食卓に置いたまま食事をします。食器を持ち上げることがマナー違反なのです。同じように箸を使う国であるにもかかわらず、さじがあるかないかによって、マナーが逆になっているおもしろい例です。日本における箸使いのマナー違反を**表1-1**に示します。

このように、料理を口へ運ぶ唯一の道具が箸である日本では、箸に注意が注がれたようです。箸先が細くなっていて繊細な作業に対応できるという点は、日本ならではです。また、日本にはさまざまな素材やサイズの箸があり、使う人が手の大きさや好みに合わせて選びます。箸の長さは、親指と人差し指を開いた長さの1.5倍が目安とされています（図1-4）。自分の手に合った道具を使うというのは、当たり前のように思えますが、ヨーロッパのナイフやフォークなどには、手の大きさに合わせるという文化はありません。道具に対する繊細さも、日本らしいといえるでしょう。

　日本では、自分専用の箸があり、飯茶わんや湯飲み茶わん（最近はマグカップ）も各自の所有で、家族であってもほかの人のものは使わないという伝統があります。こうした、自分だけが所有する食器を「属人器」といいます。日本では当たり前に思えることですが、世界ではめずらしく、ヨーロッパなどにはない文化です。

　毎日何気なく使っている箸には、日本独自の文化が宿っています。最近では、外国の人でもじょうずに箸を使える人が増えてきました。一方で、テレビ番組に出演した芸能人などの箸使いが批判されることもあるようです。どれだけおしゃれに気を使っても、食事のときに箸使いがよくないと、がっかりされてしまいます。ふだんから気をつけて、美しい箸使いを目指しましょう。

　箸使いのポイントは、図1-5の④のように、2本同時に動かすのではなく上側の箸だけを動かすことです。下側の箸は、親指の付け根と薬指の側面でしっかり固定します。上側の箸は、親指と中指、人差し指で鉛筆を持つようにはさみます。親指は固定するために働き、中指は支え、人差し指は動かすためのリード役として使います。

図1-4　箸のサイズ

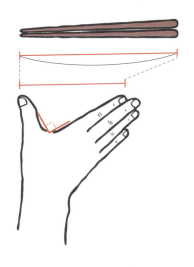

上手に箸を使えるとすてきだね

図1-5　箸の持ち方（右手がきき手の場合）

①持ち上げる。

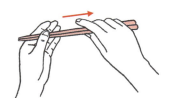

②左手で箸を支える。次に右手を4～5cm右に滑らせる。

③右手親指以外の指先を向こう側下にまわす。

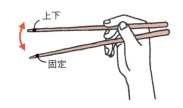

④下箸1本は小指と薬指で支え、上箸1本を親指と中指と人差し指で鉛筆のように持つ。

表1-1　箸のマナー違反

くわえ箸・ねぶり箸	箸先をくわえたりなめたりする
持ち箸	箸を持ったまま器を持つ
合わせ箸	箸から箸へ食べ物を渡す
たたき箸	箸で器をたたく
迷い箸	どの料理を食べるか迷い、箸を料理の上で行き来させる
探り箸	器の下に盛ってあるものを探るようにしてとる
涙箸	箸の先から、つまんだ食べ物の汁をぽたぽたと垂らしながら口へ運ぶ
刺し箸	フォークのように料理を刺してとる
指し箸	食事中、箸で人やものを指す
寄せ箸	箸を使って、料理の入った器を自分のほうに引き寄せる
渡し箸	食事の途中で箸を食器の上に渡すように置く
移り箸	料理をいったんとりかけてからほかの料理に箸を移す

図1-6　器の持ち方

へりに親指をかけて糸底（糸尻）を4本の指で支えて！

2 その他の食事マナー

　禅宗の僧侶である道元が13世紀に書いた『赴粥飯法（ふしゅくはんぽう）』という寺院での食事作法の書には、器の持ち方（図1-6）、ひじをつかないこと、音を立てて食べないこと、周囲の人のペースに合わせて食事をすることなど、現代もマナーとされることが多く記されています。また、鎌倉・室町時代に、礼法（マナーに関するしきたり）を専門とする流派が生まれ、江戸時代になると、箸使いのマナーなどが広まりました。

　マナーは、単なる知識ではなく、食事をともにする人に不快な思いをさせないという心づかいであり、美意識でもあります。食事をしながらスマホを見ないなど、マニュアルになくても、時代に即したマナーに気を配ることもたいせつです。

2 季節の料理

　輸送技術の発達で、全国各地や海外からさまざまな食材が入手できるようになり、また、生産技術の発達で、時期をはずした食材が生産できるようになっています。現代では、季節に関係なく食べたいものが食べられますが、一方で私たちは、そのときどきの季節を肌で感じながら、季節ごとの新鮮な旬[注1]の食材（図2-1）を楽しみたいという気持ちも持っています。季節は移ろっていくもので、楽しめる時間が限られているからこそ、旬をたいせつに思えるのでしょう。

　ただし、こうした季節を大事にする文化は、季節ごとの旬の食材についての知識がないと、失われてしまうかもしれません。スーパーマーケットの売り場には、季節に関係なくたくさんの食材があふれていますが、それぞれの食材の旬がいつであるのかを知り、季節感のある食卓の演出ができたら、食生活がよりいっそう楽しいものになるでしょう。

注1
旬　野菜や果物、魚介類などの収穫量が一番多い、出盛りの時期。味がよく、栄養素量も多く含まれ、値段が安い。

図2-1　旬の食材

日本の文化にとって季節は、単に気候が違うというだけではありません。大半の日本人が農耕にたずさわってきた長い歴史のなかでは、作物の生育に影響を与える季節の変化をとらえることは重要だったため、それぞれの季節に決まった行事がとり行なわれてきました。春は主に豊作を、夏は病害虫や天候の問題が起きないよう祈願し、秋は収穫に感謝し、冬は年越しの準備と新年を祝うさまざまな行事を行なって、それぞれの季節に行事食が作られてきました（**表2-1**）。こうした行事は、家族や親せき、地域の仲間たちが集まって、食事をともにする機会でした。

現在は、農業よりも会社勤務の人が圧倒的に多くなって、四季の変化などと関係のない生活を送る人が大半の時代ですが、行事や行事食を通じて昔の生活文化を感じるのも、意義のあることではないでしょうか。

表2-1 日本の伝統的な行事と行事食

行事（時期）	行事食
正月	雑煮、おせち、おとそ。
人日（1月7日） 七草	七草がゆ。
節分（2月立春の前日）	豆まき、ヒイラギの枝にイワシの頭を飾る。 1970年代ごろから巻きずし（のちに恵方巻）がはやる。
上巳（3月3日） ひな祭り 桃の節句	ひしもち、ひなあられ、ハマグリの吸い物など。
端午（5月5日） こどもの日	ちまき、かしわもち。
七夕（7月7日）	笹に願いを書いた短冊をつるす。 そうめんなど。
お盆（7月または8月15日前後）	先祖が帰ってくるという。 墓参り、寺参り、親戚回り。 なすやきゅうりなどの夏の作物を供える。 そうめんや精進揚げなど。
重陽（9月9日） 菊の節句 栗節句	菊酒、栗ごはんなど。
月見（9・10月）	十五夜・十三夜の満月に、団子、栗、里芋などを供える。
冬至（12月）	一年で一番昼間が短く夜が長い。 あずきがゆ、かぼちゃ、こんにゃくなどを食べる。
大晦日（12月31日）	年越しそば。 東北地方の一部では、おせちを夕飯に食べる。

3 盛りつけと配膳の基本

1）盛りつけ

料理は外観からおいしさが判断されるため、見た目を楽しませ、食欲をそそらせるような盛りつけが重要です。美しくおいしそうに盛りつけるための基本的なポイントは、次のとおりです。

1 盛りつけの基本事項

[清潔に盛りつける]
盛りつけ作業の場所を清潔にする。料理を食器に盛った後は、料理の汁などで食器が汚れていたらふきとる。

[色彩]
料理を盛りつけたら、使用されている食材を彩りよく、全体のバランスを見てととのえる。

[余白]
料理の分量に適した食器を準備する。余白を意識し、盛る量は器に対し6〜7割にする。

2 主食、主菜、副菜の盛りつけ

(1) 飯・汁

温かいうちに提供できるよう、食事の直前に盛りつけます。飯は、ふんわりと山型（中高という）に盛り、縁に飯粒をつけないこと。汁物は、具と汁の分量をバランスよく盛り、ねぎなどの薬味や七味とうがらしなどの吸い口注1 を、提供する直前に添えます（または食べるときに好みで添えます）。

注1
吸い口
汁物に添える香りとして、少量浮かべるもの。

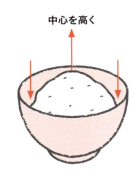

中心を高く

(2) 主菜

主材料と、前盛り[注2]やつけ合わせをいっしょに盛り合わせます。日本料理では、主材料は中央よりやや左斜め上に盛って、主材料の右手前に前盛りを置きます。西洋料理では、主材料の向こう側につけ合わせを盛り、主材料は中央よりやや手前に盛ります。つけ合わせは、食器の縁まで盛りつけず、主材料に添わせるように余白をとって盛りつけます。また、魚料理では、盛りつけたときに上になる側（表）をどちらにするかということにも配慮します（図3-1）。

> [注2] 前盛り　日本料理で、主菜の前に添える料理のこと。

図3-1　主菜の盛りつけ

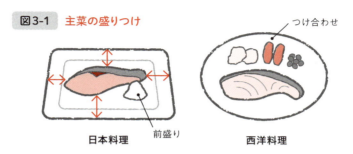

(3) 副菜

サラダ、お浸し、煮物など、どの料理も食器に平面的に盛りつけず、中高にします。食材を偏りなく盛り、彩りや香りを加える食材として、仕上げに天盛り[注3]を添えます。

> [注3] 天盛り　あえ物、酢の物、お浸しを盛りつけた一番上に、少量置くもの。ねぎやしょうが、カツオ節、ゆずの皮、木の芽など。

3 魚の盛りつけ

魚の表とは盛りつけで上にする側です。魚の形状により、表の形が異なります。

(1) 一尾（姿）の魚

アジやイワシなどを姿のまま調理する場合は、頭が左、腹が手前になる側が表となります。頭を落として調理する場合も同様です。ただし、カレイは頭を右にした状態が表です（図3-2）。

図3-2　姿の魚の盛りつけ

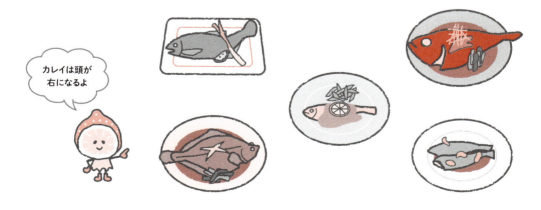

カレイは頭が右になるよ

(2) 切り身魚

　魚の種類や、表身（姿の魚の表側の面）と裏身の切り身などで形状がさまざまであり、姿の魚ほど厳密な決まりはありませんが、一部皮つきの場合（サケ、ブリなど）は皮目を向こう側にします。切り身の厚みが違うもの（サバなど）は、背の厚みを左または向こう側にし、腹側を右または手前にします。片面がすべて皮つきの切り身（アジの三枚おろしなど）は、皮目を表にしますが、料理によって（骨切りしたアイナメやハモなど）は、身を表にしてよいです。形に特徴がない場合、焼き物であれば、先に焼いたきれいな面を表にします（図 3-3, 図 3-4）。

図3-3　一部皮つきの切り身の盛りつけ

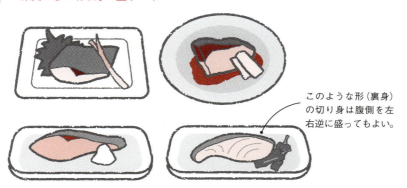

このような形（裏身）の切り身は腹側を左右逆に盛ってもよい。

図3-4　厚みの違う切り身の盛りつけ

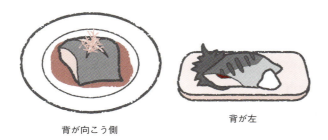

背が向こう側　　　背が左

(3) 開いた魚

　かば焼きにするサンマやイワシ、身を開いた干物などは、身側を表にします（図 3-5）。

図3-5　開いた魚の盛りつけ

2）食器と配膳

　食器には、陶磁器、漆器、金属器、ガラス器、木器、竹器といったさまざまな材質のものがあり、食事の様式や目的に調和しているものを選んで使用します。また食器は、形や大きさ、熱伝導性、重さなども、料理や食事のシチュエーションによって使い分けます。料理に合った食器を選ぶことも、料理をおいしく味わううえでたいせつです。

1 日本料理

　日本の食器は、形、素材、色や絵柄が豊富です。手で持てる大きさと重さが基本ではありますが、料理の内容や、季節、食事の目的によって、食器や食具を使い分けるからです。例えば、丸型（正円）や正方形（四方）の器は、懐石料理などの改まったときに使用することが多いです。また、飯わんや汁わん、塗り箸、湯飲みには、男性用と女性用といったサイズや文様が異なるものもあり、世界的にも珍しい特徴です。これらは属人器といって、家庭内で使用する人が決まっている器・食具（箸）です。

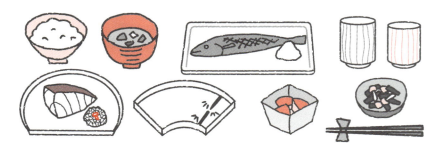

　盛りつけや配膳の基本は、右手に箸を持ち、左手に食器を持つように構成されています。日常の食事では、飯茶わんを左に、汁わんを右に置きます。手に持って食べることの多い煮物や酢の物の器は、左奥や中央に、焼き物の器は手に持たないので、右奥に置きます（図3-6）。初めに汁、飯の順に箸をつけ、その後におかずと飯と汁を交互に食べて、ほぼ同時に食べ終わるようにします。

図3-6　日本料理の配膳

2 西洋料理

　西洋料理は、正式な食事では前菜からデザートまで、同じ材質・図柄の食器（ディナーセットといわれる）を用いるのが特徴であり、皿（プレート）はサイズによって用途が決まっています（図3-7）。食具（カトラリー）は、ナイフ、フォーク、スプーンなどで、箸食の日本や中国と比べて用途による種類が多くなります。主菜を食べるのに用いるテーブルナイフ、魚料理を切りやすい形のフィッシュナイフ、少し小さめのデザートナイフなど、それぞれの用途に対応した食具を用います。

　テーブルにセットされたカトラリー（図3-8）は外側から順次使用し、料理は左手前からナイフを入れ、一口大に切りながら食べます。やわらかい食べ物はフォークを右手に持ちかえて食べてもよいですが、正式にはフォークとナイフの両方を使います。パンは一口大にちぎって食べます。

図3-7　洋食器のプレートのサイズと名称

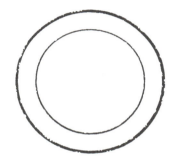
ディナー皿（25～27cm）
メインディッシュを盛りつける。
ミート皿ともいう。

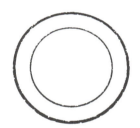
デザート皿（18～21cm）
オードブルやサラダ、
デザートを盛りつける。

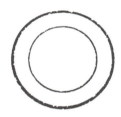
パン皿（14～17cm）

図3-8　西洋料理の配膳

会食の形式では前菜、スープ、魚・肉料理、デザートの順に供される。ナイフとフォークは初めから必要なものが全部並べられていて、外側から順次使い、食べ終わったら皿とともに下げられることが多い。

3 中国料理

　中国料理は火の料理といわれ、いため物、揚げ物、蒸し物など、温度が高い料理が多いことが特徴です。その温度が冷めないようにするため、料理は食卓全員の分が大きな皿や鉢に盛りつけられます。食卓に1人分ずつの食器が配置され、大皿から各自がとって食べることが一般的です（**図3-9**）。

　とり皿は料理ごとにとりかえ、飯茶わん以外の食器はテーブルに置いたまま食べ、汁の器は持たずにさじ（れんげ）を使って飲みます。近年では、料理を1人分ずつ皿に盛る個人盛りスタイルも普及しています。

図3-9　中国料理の配膳

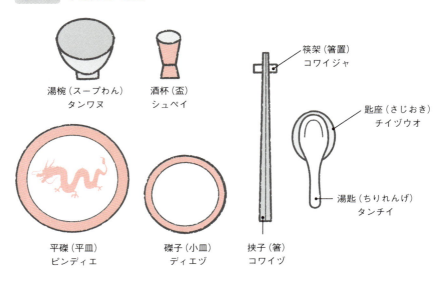

食卓に1人分ずつの食器が配置され、大皿に盛った料理が次々に供されるので、各自、皿にとって食べる。

Chapter 3
調理と衛生

料理のおいしさには、理由があります。
調理学や食品学に基づいた、料理のしくみを学びましょう。
衛生的な調理のための知識も、とてもたいせつ！

調理法の基本

調理方法

調理には、生の食品をそのまま食する生食調理のほか、水を使った加熱調理法、水を利用せず高温の油や鉄板などの金属を利用して調理する方法があり、それぞれに特徴があります。

1）非加熱調理操作

非加熱調理操作は、加熱調理前の準備操作として行なわれることが多い操作ですが、刺し身やサラダなどのように、非加熱調理操作だけで仕上げる料理もあります。

表1-1 非加熱調理操作の種類

操作	内容
計量・測定	重量・容量・体積・温度・時間をはかる
洗浄	ふり洗い、こすり洗い、もみ洗い、混ぜ洗い
浸漬（しんせき）	もどす、浸（つ）ける、浸（ひた）す、漬（つ）ける、さらす
切削（せっさく）	切る、むく、おろす、削る
混合・攪拌（かくはん）	混ぜる、こねる、泡立てる
粉砕・磨砕（まさい）	つぶす、砕く、おろす、ひく
圧搾（あっさく）・濾過（ろか）	絞る、濾（こ）す
冷却	冷やす、さます
冷凍・解凍	凍らせる、とかす

1 計量・測定

食品や調味料を、はかりや計量器を用いて重量や容量を計量したり、加熱温度や時間を測定したりする操作です。料理に不慣れな人でも失敗なく、おいしい料理を作るためにたいせつです。また、調理の効率化や標準化をはかり、いつでも、だれが作っても、同じようにおいしく作れることにもつながります。

2 洗浄

食品に付着している土などの汚れや微生物、農薬などを除いて、衛生的で安全に調理するために行なう操作です。やわらかく損傷しやすい野菜などはふり洗いする、土のついた根菜はたわしでこすり洗いするといった、食品の状態や汚れの程度に適した洗浄方法を選択します。

3 浸漬

　食品を水や食塩水、酢水などに浸す操作です。乾物は吸水すると膨潤[注1]し、熱が均一に伝わりやすくなります。そのほかにも、褐変[注2]防止、アク（➡参照 p.105）抜き、塩蔵食品の塩抜き、砂出し、うま味成分の抽出、調味料の浸透、生野菜のテクスチャーをパリッとさせるなどの目的があります。

> [注1]
> **膨潤** 物質が水などの液体を吸収して体積を増加させる現象。例えば乾燥わかめを水に浸けるとかさが増すなど。
>
> [注2]
> **褐変** 酵素（ポリフェノールオキシダーゼ）の作用によって、食品が茶色く変色すること。

4 冷凍と解凍

(1) 冷凍

　食品を冷凍するときは、できるだけ品質をそこなわないように−30℃以下の非常に低い温度で急速凍結することが望ましいです。しかし、一般的な家庭用の冷凍冷蔵庫の冷凍室は−18℃前後で、食品が徐々に凍結していく緩慢凍結です。緩慢凍結した食品は、解凍時にドリップ（食品から流出する液体）が多くなるなど、解凍後の品質低下が著しくなります。そのため、家庭で冷凍する場合には、小分けにする、ラップやビニール袋などで密閉包装して乾燥・酸化を防ぐなどのくふうをします。

(2) 解凍

　魚、肉、果物、菓子類の解凍は、冷蔵庫内で時間をかけたほうが、品質低下が少なくなります。電子レンジ解凍は解凍むらが起こりやすいので、低出力にするか、断続加熱して経過を見ながら解凍します。野菜や調理品類は急速解凍が向きます。フライ類などは、油に投入して調理と解凍を同時に行ないます。冷凍野菜類は、原則として解凍と調理を同時に行ないます。パンは、室温で自然解凍またはトースターなどで加熱します。

2) 加熱調理

　湿式加熱と乾式加熱の2種類の加熱方法があります。湿式加熱は、ゆでる、煮る、蒸すなど水（蒸気も含む）を介して食品を加熱する方法です。乾式加熱は、焼く、いためる、揚げるなど水を利用しない方法です。熱源は、ガスだけでなく電気もあります。電気の場合、電磁調理器による誘導加熱と、電子レンジによる誘電加熱があります。

1 ゆでる

　湯の中で食品を加熱することです。食品の軟化、アク抜き、でんぷんの糊化（➡参照 p.88）などのために行ないます。食品によってゆで湯の量が異なり、ほかの調理法の下処理として行なうことも多くあります。

料理例

ほうれん草のお浸し、温野菜サラダ、乾めんをゆでるなど。

2 煮る

調味を目的に煮汁内で食品を加熱する操作です。乾物はあらかじめ浸漬し、吸水させてから煮ます。食品の種類や仕上げ方、調味料によって、煮方に種類があります（いため煮、含め煮、煮つけ、青煮など）。1つのなべで、肉や魚、野菜などの食品を組み合わせて料理することも多く、それぞれのうま味や香りが混ざり合い、よりおいしくなります。

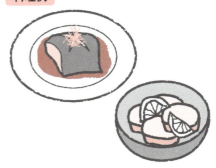

料理例

肉じゃが、魚のみそ煮、さつま芋のレモン煮、りんごのコンポートなど。

3 蒸す

水蒸気の熱で食品を加熱することです。ほかの湿式加熱に比べて水溶性成分の溶出が少ないですが、アクなど好ましくない成分も溶出しにくくなります。蒸している間は調味ができないので、加熱前に下味をつけ、加熱後につけ汁やあんをかけます。卵を使った料理は、す[注3]が立ちやすく、温度管理が必要です。加熱は、蒸気が上がった蒸し器に入れることが基本で、蒸気が上がらないうちに入れると、食品が水っぽくなったり、食品のうま味や味が外に出てしまいます。

料理例

カスタードプディング、蒸しパンなど。

注3　す　す立ちともいい、高温で加熱しすぎると、水分が気化したり空気が膨張したりして穴があく。ぶつぶつした食感になり、おいしくない。泡立てないように卵を混ぜる、強火（90℃以上）で加熱し続けない、などのくふうをする。

4 焼く

焼き網などで、食品を熱源にかざして焼く直火焼きと、フライパンやオーブンを使用して焼く間接焼きがあります。食品の表面が乾燥して味が濃縮し、栄養素やうま味の損失が少なくなります。また、香ばしさや焦げた風味が加わります。

加熱器具（フライパン、オーブン、焼き網）を熱くしてから食品を焼くのが、基本です。

料理例

目玉焼き、ポークソテー、魚のホイル焼き、魚のソテー、クッキー、クレープなど。

加熱方法のそれぞれの特徴を理解しよう

5 いためる

フライパンや鉄板上で、高温に加熱した少量の油脂とともに食品を加熱することです。均一に熱が伝わるよう、混ぜながら加熱します。

じょうずないため物のコツは、いためる前の準備（食品を切っておく、調味料を計量しておく、器を用意しておくなど）や、食品の切り方をそろえること、投入量が多すぎないことなどです。投入量が多すぎると撹拌しにくいため、なべの容量の1/3〜1/2が適量です。

料理例

豚肉とキャベツのいため物、豚肉とピーマンのせん切りいため、チャーハンなど。

6 揚げる

高温（一般に140℃前後〜200℃）に熱した多量の油脂の中で、食品を加熱することです。その温度帯の中で、140℃前後でポテトチップ、150〜160℃で芋の天ぷら、180〜190℃で冷凍コロッケなどと使い分けます。栄養素やうま味の損失が少なくなります。

つける衣の種類によって、

- 素揚げ…衣をつけない
- から揚げ…小麦粉やかたくり粉をつける
- 衣揚げ…パン粉や天ぷら衣をつける

などがあります。揚げ温度を一定に保ち、一度にたくさん入れすぎないことが、じょうずに揚げるコツです。一度に揚げる量は、油の表面積の1/2程度が目安です。材料によっては、二度揚げすることもあります。

料理例

鶏肉のから揚げ、サバの竜田揚げなど。

7 炊く（炊飯）

米に水を加えて飯にする操作（➡参照 p.88）を指し、加熱終了時には、水が米に吸収されたり蒸発したりして、煮汁が残らない状態にする加熱方法です。地域によっては、「炊く」は「煮る」と同義語に用いられています。

(1) 米のとぎ方と浸水

計量カップ1杯の米（精白米、胚芽精米）＝ 200mL ＝ 170g（無洗米は180g）
炊飯器付属カップ1杯の米（精白米、胚芽精米）＝ 1合180mL ＝ 150g（無洗米は160g）

※米に対する水の量

	重量	容量
炊飯器	1.3〜1.4倍	1.2倍
なべ	1.5倍	1.3倍

炊飯器の内釜の目盛りを使って水を加えるときは、平らな所で目盛りを確認すること。

❶米はざるに入れ、ボールにたっぷり水をためてその中にざるごと入れて洗う。
❷水が白くにごらなくなるまで水を3〜4回かえ、ぬかのにおいを吸収させないよう手早く洗う。水けをきる。
❸炊飯なべ、または炊飯器の内釜に米を移し、分量の水※で浸水する。ガス火で炊く場合、炊飯器よりも多く必要な場合もある。
❹炊く前に、夏は30分以上、冬は1時間以上浸水させる。電気炊飯器では、浸水不要（浸水時間が組み込まれている）のものも多い。

(2) 米の炊き方（なべ炊きの場合）

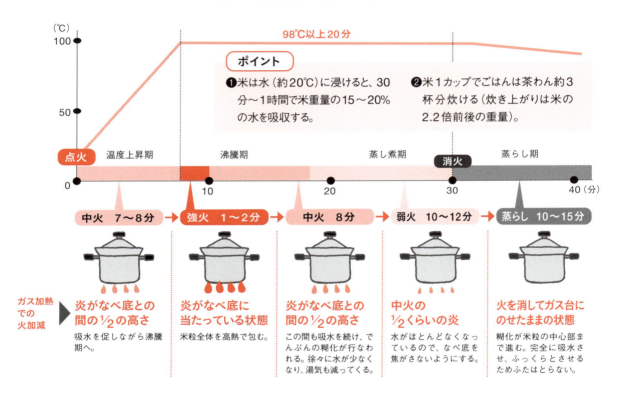

8 だしをとる

和風のだしは、和食のおいしさの基本とされます。
うま味成分には、
- グルタミン酸…こんぶや野菜に含まれる
- イノシン酸…カツオ節や煮干しに含まれる
- グアニル酸…干ししいたけに含まれる
- コハク酸…貝に含まれる

があります。だしは、カツオ節または煮干しだけでもよいですが、こんぶを合わせて使うと、だしのうま味が増します。だしをとるときは、ふたをしません。カツオ節も煮干しも魚から作られていることから、ふたをすると生臭みがこもるためです。

(1) カツオこんぶだし

すまし汁、お浸し、茶わん蒸しなど全般に使われます。水量に対し、カツオ節2％、こんぶ1％を用います。こんぶは、水から入れて30分以上浸漬させておくと、よりうま味が出やすくなります。こんぶは沸騰直前にとり出します。その後、カツオ節を入れて1分ほど加熱し、火を止めます。3分ほどおいてカツオ節が沈んだら、濾します（一番だし）。

(2) 煮干しこんぶだし

みそ汁や、うどんのつゆなどに用いられます。水量に対し、煮干し2％とこんぶ1％を使います。こんぶも煮干しも水に入れてから、火をつけます（加熱前に15～30分浸漬しておくと効果的）。中火にかけ、沸騰直前にこんぶをとり出し、アクをとりながら6分程度弱火で加熱し、濾します。

(3) こんぶだし

こんぶのうま味成分のグルタミン酸と、甘味成分のマンニトール（こんぶ表面の白い粉状のもの）を水に引き出す、おだやかな味わいのだし汁です。水量に対し、こんぶ2％を使います。30～60分浸漬する方法や、乾物のまま水からこんぶを入れて加熱し、沸騰直前にとり出す方法などがあります。

和風のだしにはこのようなものがあるよ。それぞれのとり方を覚えよう

2　調理器具

調理器具の適切な使い方を覚えよう

調理には、食品を切るための包丁などの道具と、ボールやざる、菜箸といった器具と、なべ・フライパン類、電子レンジなどの加熱に使う器具が必要です。適切な器具を適切なタイミングで使うことは、調理の効率化やおいしさにつながります。

1）調理器具

1 まな板

生の魚や肉を切るものと、野菜や加熱したものを切るものとに分けましょう。大小のサイズで複数あると、使い分けしやすいです。

2 包丁

包丁の種類と手入れ、部位の名称と使い方（➡参照 p.4）を知っておきましょう。

衛生のためにも、おいしい料理を作るためにも、包丁の手入れはたいせつです。使った後は、汚れを洗剤で洗って（とくにつば〈刃と柄の接合部分〉は汚れがたまりやすいので注意）水で洗い流し、乾いたふきんで水けをよくふきとりましょう。

3 なべ・フライパン類

めんや野菜をゆでるための大きめの深なべ、汁物を作るためのなべ、魚の煮物を作るためのやや浅めのなべ、いため物をするためのフライパンなど、作る料理によって必要な形や大きさ、種類が違います。なべ類の材質には、金属（アルマイト、鉄、ステンレスなど）とほうろう、セラミックなどがあります。

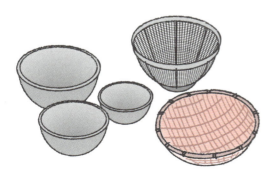

4 ボール、ざる

2〜3種類のサイズのボールと、大きめのボールの中に入る深型のざる、ボールの上に置くことのできる盆ざるがあると、調理作業の目的によって使い分けがしやすくなります。

5 フライ返し、菜箸類

調理の際に食品を混ぜたり、返したりするためのものです。近年は、フッ素樹脂加工のなべやフライパンがありますが、それに金属のフライ返しなどを用いると表面を傷つけるため、使用しません。また、シリコン加工やプラスチックの菜箸やフライ返しは、使用可能温度を確認しましょう。

6 フードプロセッサー

機器の容器に材料を入れ、目的の大きさに切ったり、かき混ぜたりします。目的に応じてカッターや羽根をかえることで、刻む、混ぜる、する、練るなどができます。

7 家庭用冷凍冷蔵庫

冷蔵室温度は、JIS（日本工業規格）C9607で「冷蔵室温度は室温16℃と32℃において、0〜8℃の範囲で調整できる」とされています。庫内の温度を維持するため、庫内は詰め込みすぎないようにしましょう（全容量の70％程度までが目安）。機種により、複数の温度区分があります（図2-1）。

図2-1　家庭用冷凍冷蔵庫内の区分けと適した食品保存

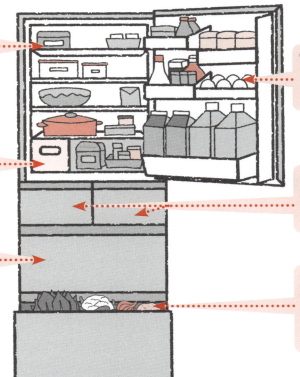

①冷蔵室（1〜5℃）
一般食品や料理。
この温度帯でも繁殖する微生物が存在するため、庫内を清潔に保つようにする。

②チルド室（−1〜2℃）
凍結直前の温度帯。
魚肉類、乳製品など。
パーシャル室（−2〜−3℃）
微凍結温度帯。
刺し身、魚肉類、生鮮食品解凍など。

③冷凍庫（−18〜−25℃）
アイスクリーム、冷凍食品など。
−7〜−8℃という温度帯のソフト冷凍庫を備えた機種もあり、1週間程度で使いきる冷凍食品などに利用される。

④ドアポケット（5〜8℃）
卵、ビール、牛乳、調味料など。
ドアの開閉で最も温度が上がりやすく振動も多い。

⑤製氷室
氷を作るのに使われる。
超低温冷気で食品を急速冷凍する機能を持つ急速冷凍室を搭載したものもある。

⑥野菜室（3〜7℃）
野菜類。
湿度がコントロールされ、野菜が必要以上に乾燥しないようくふうされている。
温度帯が高いため微生物の繁殖に注意が必要。

※各メーカー品の仕様を参考に作成。

2) 加熱調理器具の特徴

1 電子レンジ

マグネトロンから発せられたマイクロ波（2450MHz）が食品に吸収され、食品中の水分子の運動によって起こる摩擦熱で食品自体を発熱させて加熱します。電子レンジの利点は、短時間で加熱できる、栄養素の損失が少ないなどです。一方で、使える容器と使えない容器がある、加熱むらができやすい、水分蒸発が多いといった欠点があります。電子レンジは機種によって出力（W ワット）数が違い、加熱時間を調節する必要があります。

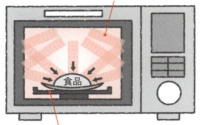

電子レンジ

⚠️ **扱い注意**
- 金属容器、金の模様入りの器、漆器、クリスタルガラスや複雑な形のガラス、プラスチックの器などは使えない。
- ときほぐさない卵、殻つきの栗やぎんなん、ソーセージ、イカ、タラコなどは大破裂の危険がある。
- 汁けのあるものは吹きこぼれやすいので、深めの容器で加熱する。

2 オーブン

熱源は、ガスまたは電気です。家庭用では、電子レンジとの一体型が多く利用されています。加熱方法としては、熱せられた空気が自然対流して庫内を温める自然対流式と、熱せられた空気を庫内のファンで強制的に対流させる強制対流式（コンベクションオーブン）があります。また、一般家庭向けのオーブンでも、過熱水蒸気[注1]が利用可能な機種があります。

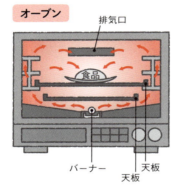

オーブン

3 電磁調理器(IH：Induction Heating)

トッププレート下のコイルに電流を流すことで発生する磁力線が、金属製なべの底を通るときにうず電流に変わることで、なべ底そのものが発熱します。トッププレートやなべ底がぬれていない状態で使用します。トッププレート自体は発熱しません。熱効率がよく、汁がこぼれても焦げつきません。電磁調理器は炎が出ないので、子どもや高齢者も安全に扱えます。使用できるなべは、底が平らで、材質が磁性体（鉄、ステンレス、ほうろう）のものに限られます。オールメタル対応機種も発売されています。

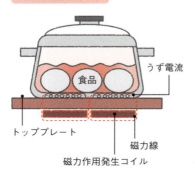

電磁調理器（IH）

注1 過熱水蒸気　飽和水蒸気をさらに加熱した空気で、大気圧の条件下では100℃より高温になる。過熱水蒸気を利用したオーブン調理では、食品の脱油・減塩が効率よくできる。

Chapter 3-2 食品の性質と調理による変化

1 食品の特徴と調理変化

1) 穀類

穀類には、米、麦類、そば、とうもろこしなどがあり、炭水化物が多く含まれます。私たちは主食として、飯、うどんやそばなどのめん類、パンなどに加工したものを食べています。

① 米の性質

(1) 米の構造とでんぷんの種類

米は、短粒種のジャポニカと長粒種のインディカに分けられ、日本産米のほとんどが短粒種です。玄米（図1-1）から、ぬか層と胚芽を除くと、精白米になります。最近では無洗米といって、従来の精米方法では少し残るぬかをあらかじめとった、洗米不要の米も利用されています。胚芽精米は、栄養素密度の高い胚芽部分を残して精米した米です。胚乳部分はほとんど炭水化物で、ぬか層や胚芽には、たんぱく質、脂質、ビタミン類が多く含まれます。

米に含まれる炭水化物のほとんどは、でんぷんです。でんぷんには、アミロースとアミロペクチンという構造の異なる2つがあり、飯は、アミロペクチンの量が多いほうが粘りが強くなります。そのため、うるち米よりもち米が、粘りのある飯になります（表1-1）。近年、アミロース含量を調整し、粘りが強く、さめてもかたくなりにくいミルキークイーンという品種なども市販されています。

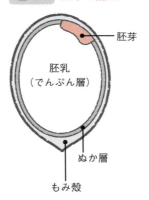

図1-1 玄米の構造

表1-1 米の分類

	でんぷんの種類	内容
うるち米	アミロース20％前後 アミロペクチン80％前後	飯、せんべい、上新粉、酒、酢
もち米	アミロペクチンほぼ100％	もち、こわ飯、白玉粉、道明寺粉、みりん

(2) でんぷんの糊化と老化

　米に含まれるでんぷんは、生のβ-でんぷんだと水に不溶で消化がわるいが、これに水を加えて加熱すると、でんぷんは粘度が増して糊状になります。この変化を、でんぷんの糊化（α-化）といいます。糊化でんぷん（α-でんぷん）は水分を含んだまま放置すると、しだいに白濁し、かたくなり、離水します。この現象を老化（β-化）といいます。老化でんぷん（β-でんぷん）は、消化しにくく食味もわるくなります。老化が起こりやすい条件は、水分量が30〜60%、温度が0〜5℃です。アミロペクチンの割合が高いと老化しにくくなります。また、砂糖はでんぷんを老化させにくくする働きがあるので、アミロペクチンの多いもちや砂糖の多い団子は、老化しにくい食品です。

2 米の調理の特徴

(1) うるち米の調理

　うるち米の炊飯過程は、洗米、加水、浸漬、加熱です。

洗米　米の表面のぬかを除くために行ないます。洗米による吸水は、約10%です。

加水・浸漬　加水量により、飯のかたさが変わります。精白米の場合の目安は、米重量の1.3〜1.5倍、米容量の1.2倍です。炊飯器の場合、蒸発量が少ないので、加水量は米重量の1.3〜1.4倍。文化なべで炊く場合は、1.5倍です（➡参照 p.82）。胚芽精米の場合は、胚芽分があり体積が大きいので、精白米より多くの水が必要です。浸漬時間の目安は、精白米なら30分で、水温の下がる寒い季節や胚芽精米では60分程度必要ですが、ほとんどの炊飯器では、あらかじめ浸漬時間が含まれます。

加熱　米に水を加えて加熱すると、でんぷんが糊化します。おいしい飯の炊き上がりは、米重量の2.1〜2.3倍です（米50gが約110gの飯になります）。

飯の保存　熱いうちにラップなどで包むか保存容器に入れ、粗熱がとれたら急速冷凍します。飯のでんぷんは0〜5℃で最も老化するため、冷蔵庫での保存は向きません。

味つけ飯

　食べてちょうどよい塩味は、飯の0.6～0.7％（米重量の1.3～1.5％塩分）です。塩、しょうゆなどは、浸漬中に米の吸水を妨げるため、浸漬して吸水させた後、加熱直前に加えます。

　具となる副材料の添加時期は、煮えやすさ、色や香りなどによって、加熱前か加熱後かを決めます。きのこやにんじん、竹の子、栗や芋などは加熱前に加え、しそや青菜などは加熱後に加え混ぜます。「炊き込み飯」は、米に野菜などの具や調味料を加えて炊き込むもの、「混ぜ飯」は、炊き上がった飯に調味した具を混ぜるものをいいます。

すし飯

　ややかために飯を炊き、蒸らし時間を短くします。飯が熱いうちに合わせ酢を全体にまわしかけ、粘りが出ないように混ぜます。うちわなどであおいで、飯粒表面の水分をさますと、つやのあるすし飯になります。

いため飯

　ピラフは、米を油でいためてからブイヨンで炊き込んだものです。いためることで米の表面のでんぷんが一部糊化し、米表面が油膜でおおわれるため、水の浸透が遅れます。そのためパラッとし、中心がかたい飯になりやすいのです。チャーハンは、炊き上がった飯をいためたものです。

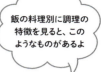

(2) もち米の調理

　もち米を蒸した料理をこわ飯（おこわ）といい、赤飯、山菜おこわなどがあります。もち米も、洗米後に浸漬します。それを40～50分かけて蒸し、途中でふり水をして飯のかたさを調整します。こわ飯は、米重量の1.6～1.9倍に仕上がった飯が好まれます。加熱後の飯は粘りが強く、うるち米より老化が遅いです。

(3) 米粉の調理

　うるち米を粉にした上新粉は、水や熱湯でこねて団子や柏もちなどにします。もち米を粉にした白玉粉は、水を加えてこねます。熱湯では、部分的にダマが残って、均一に混ざりにくいからです。白玉団子は粘りが強く老化は遅いため、冷やして食べたり、砂糖を加えてぎゅうひにすることもあります。近年、米粉はパンやケーキなどへの利用が注目されています。

3 小麦粉の性質

　小麦は粉にして利用することがほとんどです。主成分は炭水化物で70～76%を占め、その大部分がでんぷんです。たんぱく質含量は6.5～13.0%と幅があり、調理性に大きく影響しています。小麦粉に水を加えて練ると、強い弾力性のあるグルテンが形成されます。たんぱく質の多い順に、強力粉、中力粉、薄力粉に分類されます。用途によって使い分けます（**表1-2**）。その他、小麦の粒を皮ごとひいた全粒粉、グルテン含有量の多い硬質のデュラム小麦を原料とするデュラム・セモリナがあります。パスタやマカロニには、デュラム・セモリナが使われます。

表1-2　小麦粉の種類と主な用途

	たんぱく質含量	用途
薄力粉	6.5～9.0%	ケーキ、クッキー、天ぷらの衣
中力粉	7.5～10.5%	うどん、そうめん、ギョーザの皮
強力粉	11.5～13.0%	パン

4 小麦粉の調理による変化

(1) 加水量と調理

　小麦粉は、パンやギョーザの皮、ケーキ生地や天ぷらの衣など、さまざまな調理に使います。加える水の量によって、生地の状態やでき上がりの製品が変わります（**表1-3**）。

表1-3　小麦粉生地の種類

	小麦粉：水（重量比）	調理用途
ドウ	1：0.5～0.6	パン、めん、中華の皮類
ペースト	1：0.7～0.9	シュー、クッキー
バッター	1：1～2～4	スポンジケーキ、クレープ、天ぷらの衣

(2) グルテンの伸展性を利用した調理

　パン、うどん、ギョーザの皮などがあり、次のような特性があります。
- 水の温度が30℃前後のとき、グルテンが形成されやすい。
- 生地をよくこねたり、こねた後に長時間おいたりすると、グルテン形成の促進と均一化がはかられ、生地がのばしやすくなる。
- 食塩はグルテン形成を促進する（うどんなど日本のめん）。
- 砂糖はグルテン形成を抑制する。
- 油脂はグルテン形成を抑制し、もろくサクッとした食感になる（クッキー）。ドウを充分こねた後に混ぜると、生地ののびや安定性が増す（パン）。

(3) 膨化調理

イーストや化学膨化剤を用いた膨化、気泡の熱膨張や水蒸気圧による膨化があります。

イーストによるもの

パンや中華まんじゅうなどは、イーストにより発生した炭酸ガス（二酸化炭素）をじょうぶなグルテン膜で保持して膨化させます。

化学膨化剤によるもの

重曹やベーキングパウダーは炭酸ガスを発生させ、生地を膨化させます。蒸しパンやケーキ類の調理で用いられます。重曹を用いると、生地がアルカリ性になり、黄色くなります。添加量が多いと、苦味が残り膨化がやや劣ります。ベーキングパウダーは、重曹のこうした欠点に配慮し、複数の膨化剤を混合したものです。

気泡による膨化

卵白を泡立て、気泡をこわさないように小麦粉を混ぜて加熱すると、きめ細かなスポンジ状に膨化します。

水蒸気圧による膨化

シューは、水、バター、小麦粉、卵の生地の中で水蒸気が発生し、その圧力でふくらみます。パイはドウとバターを層状に折りたたんでいるため、加熱時に発生する水蒸気圧により層を浮き上がらせ、さめるとサクサクした食感となります。

小麦粉生地がふくらむ原理にはこんなものがあるよ

(4) とろみをつける

小麦粉をバターなどの油脂でいためたものをルウといい、これは、でんぷんの粘性を利用したものです。カレーやシチューなどの煮込み料理やソースのとろみづけに使われます。加熱程度によって、白色ルウ（120～130℃）、褐色ルウ（170～180℃）などがあります。ルウをブイヨンなどでソースにすると、いため温度が低いルウのほうが粘度が強くなります。ホワイトソースは、いためたルウを少しさまし、同じくらいの温度の牛乳を加えると、ダマを防止できます。高い温度（60℃以上）の牛乳を加えると、熱によってルウの表面が糊化して、ダマになりやすくなります。

2）肉類

食肉として牛肉、豚肉、鶏肉がよく用いられます。たんぱく質は17～20％、脂質は5～30％、水分は50～75％です。動物の種類・年齢・部位などにより、たんぱく質の組成や脂肪の量が異なります。

1 肉の性質

肉は、と殺後、時間経過に伴い筋肉がかたくなります（死後硬直）。硬直した肉は、冷蔵保存すると徐々にやわらかくなり、味もよくなります。この過程を熟成といいます。生肉の色が赤いのは、色素たんぱく質（筋肉の中に含まれるミオグロビンと血液のヘモグロビンの2つ）があるためです。ミオグロビンは空気中の酸素によって酸化され、褐色に変化します。肉を煮たり焼いたりしたときに褐色になるのは、この反応が加熱によって速まるためです。

肉に含まれる脂肪は、動物の種類によって異なり、温度によって凝固・溶解の状態が異なります。脂肪の融点が高い牛肉や羊肉は、さめると油脂が凝固して口触りがわるくなるので、熱いうちに食べるほうが適しています。

肉質は、すね肉、肩肉などはかたく、背肉、腹肉などはやわらかいです。これは、コラーゲンなどの肉基質たんぱく質の量によるものです。

2 肉の調理の特徴

肉は、魚介類ほど種類は多くありませんが、種類や部位によりさまざまな調理の特徴があります。

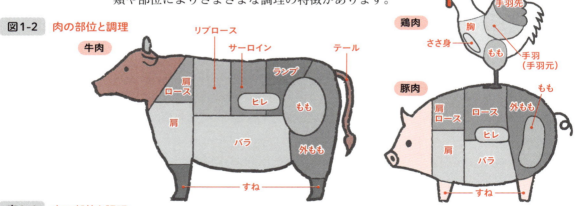

図1-2 肉の部位と調理

表1-4 肉の部位と調理

牛肉

	肩ロース	リブロース	サーロイン	ヒレ	ランプ	もも	バラ	肩	すね	テール	舌
ステーキ	●	●	●	●	●						
焼き肉	●			●		●					
すき焼き	●	●	●								
カツレツ				●							
しゃぶしゃぶ		●									
煮込み							●	●	●	●	
スープ									●	●	
ひき肉						●	●				

豚肉

	肩ロース	ロース	ヒレ	もも	バラ	肩	すね
ロースト		●		●	●		
ソテー	●	●	●			●	
焼き肉		●					
カツレツ		●	●				
煮込み				●	●	●	
スープ							●
ひき肉				●	●		

鶏肉

	手羽先	手羽(胸)	もも	ささ身
ロースト			●	●
ソテー			●	●
から揚げ		●	●	
煮込み		●		
蒸し物				●
生食				●

参考：柳沢幸江・柴田圭子編著『調理学』アイ・ケイコーポレーション、2021年、p.87 一部改変

(1)加熱による変化

肉は、比較的短時間の加熱では収縮してかたくなり、水を加えた長時間の加熱ではコラーゲンが分解されてゼラチン化し、やわらかくなります。部位による違いも大きく、コラーゲンを多く含むすね肉や肩肉は、煮込み始めはかたくなりますが、時間経過とともにやわらかくなります。しかし、コラーゲンの少ないヒレ肉やロース肉は、長時間煮てもやわらかくなりません。また、薄切りの肉は強めの火で短時間に加熱しないと、肉汁が過度に流出してかたくなり、ジューシーさが失われます（**表1-5**）。

肉の脂肪がとける温度は、種類によって違います。牛肉は 40 ～ 50℃と高く、さめると脂っぽく感じるので、ステーキなどは熱いうちがおいしいです。豚肉は牛肉よりも低く（33 ～ 46℃）、さめても口どけがよいため、冷製の料理も作られます。鶏肉は豚肉よりもさらに低く（30 ～ 32℃）、冷やしてもおいしく食べられます。

表1-5　肉の加熱による変化

	強火でさっと短時間焼く	弱火でじっくり長時間煮る
特徴	肉の表面のたんぱく質がかたまり、うま味を閉じ込められる。長時間焼くと、うま味成分を含んだ水分や脂肪が抜けてかたくなる。	うま味成分が水分のほうへとけ出し、おいしいだしやスープができる。肉の組織がやわらかくなる。
適する部位と料理	[やわらかい部位]ヒレ、ロース [料理]ステーキ、ロースト、ソテー	[かたい部位]すね、肩 [料理]シチューなどの煮込み、だし汁

(2)肉をやわらかくする方法

肉をおいしく食べるには、うま味を含む肉汁を保ち、やわらかく仕上げることがたいせつです。そのため、下記のような肉の軟化方法が用いられます。

機械的軟化方法

- 肉の繊維に直角に切る。
- すじを切る。
- 肉たたきでたたく。
- ひき肉にする。

調味料による方法

酢、ワイン、酒、しょうゆ、みそなどの調味料に漬け込むと、pHが低下して保水性が向上し、やわらかくなります。

酵素による方法

たんぱく質分解酵素（プロテアーゼ）を含む食品を加熱前の下処理で用い、肉にまぶしたり、漬け込んだりします。たんぱく質分解酵素は、しょうが、パイナップル、パパイヤ、キウイフルーツなどに含まれます。

3）魚介類

　一般的に、魚介類とは魚と貝を指しますが、イカ、タコ、エビ、カニも含めてとり扱う場合もあります。

1 魚の性質

　食品に含まれる栄養素量は、個々の魚介類や季節によって変動します。主成分はたんぱく質（20％程度）と脂質（5 ～ 15％）です。一般に魚類は、産卵前の脂質量の多い時期を「旬」と呼んでいます。貝類、エビ・カニ類、イカ・タコ類は、脂質含量が少ない食品です。

　魚の脂質の特徴は、血中コレステロール値を低下させる働きがある不飽和脂肪酸を多く含むことです。ドコサヘキサエン酸（DHA）、エイコサペンタエン酸（EPA）は、血液の凝固を抑え、心筋梗塞や脳梗塞の原因になる血栓をつくりにくくする作用もあります。DHA、EPA は、ブリ、サバ、サンマ、イワシ、サケ、アジなどに多く含まれています（➡参照 p.46）。

　カツオやマグロなどの赤身魚の筋肉の色は、ミオグロビンによるものです。ヒラメやカレイなどの白身魚の筋肉には、ミオグロビンはほとんど含まれません。サケやマスの筋肉の色は、カロテノイド色素のアスタキサンチンによるものです。

2 魚介類の調理の特徴

　魚介類は、鮮度や、一尾魚であるか切り身であるかなどによって、調理の特徴があります。また、魚肉に含まれるたんぱく質の種類と量の違いが、魚肉の食感に関係します。生の肉質は、タイ、ヒラメ、カレイ、コイなどは比較的かたく、マグロ、カツオなどは生ではやわらかいです。

(1) 下処理

一尾魚

　うろこや内臓、えらをとって洗います。

切り身

　水けをふきとります（うろこがついていたらとります）。下味をする場合は、平らなざるなどにのせ、塩（切り身は 1％程度、一尾魚は 2 ～ 3％）をして、5 ～ 30 分おきます。塩をふると身がしまり、塩によって水分とともに生臭いにおい成分が引き出されるため、魚から出た水分は必ずふきとります。

貝類

　水（3％程度の塩水）に浸けて暗いところに置き、砂を出させます（砂抜き）。

(2) 生食調理

魚は生のまま食べることもあるため、鮮度の見極めが必要です（図1-3）。

刺し身では、肉質のやわらかいマグロやブリなどは厚めに切り、肉質のかたいタイやヒラメは薄めに切ります。

図1-3　魚の鮮度の見極めと盛りつけの向き

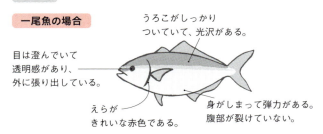

一尾魚の場合
- 目は澄んでいて透明感があり、外に張り出している。
- うろこがしっかりついていて、光沢がある。
- えらがきれいな赤色である。
- 身がしまって弾力がある。腹部が裂けていない。

[盛りつけ] 頭を左にして腹を手前にする。

切り身の場合
全体に弾力があり、身、血合い肉、皮に透明感、つやがある。

[盛りつけ] 腹側を右にして皮側を奥にする。
ただし、切り方により異なる場合がある。

鮮度のよい貝類

貝の口がしっかりと閉じている（生きている状態）。

(3) 加熱調理

焼く

高温で焼くことで、水分が減少してうま味が凝縮され、香ばしい香りと焼き色がつきます。塩焼きは鮮度のよい魚が向き、赤身の魚やくせの強い魚は照り焼きなどが向きます。

直火焼き

ガスや炭火上で、焼き網などで焼く方法です。塩焼き、照り焼きなどがあります。
- 火加減は遠火の強火がよい。干物は、水分が少ないので弱火で焼く。
- 焼き網は、熱して油を塗ってから魚を置くと、魚が網につきにくい。
- 一尾魚の塩焼きでは、下処理後の塩だけでなく、魚のひれや尾にも塩をつけて焼く。これを化粧塩といい、こげを防ぐために行なう。

間接焼き

フライパンやオーブンなどで焼く方法です。ムニエル、なべ照り焼き、ホイル焼きがあります。
- フライパンでは、盛りつけるときに表になるほう（図1-3）から焼くと、焼き色がきれいにつく。
- ムニエルは、表面に小麦粉をつけるため、うま味が流出しにくく、表面はカリッと、中はふっくら焼ける。
- 焼き始めは強火で表面を焼きかため、その後、火を弱めて中まで火を通す。魚は、加熱の始めは身がやわらかくくずれやすい。そのため、まず片面を強火、その後弱火でしっかり焼いてから、ひっくり返す。

※魚の身が一番厚い部分の皮に切れ目を入れて焼いたり煮たりすると、火が通りやすくなります。また、皮と身は、加熱による収縮具合が違うため皮が裂けることが多いので、切れ目を入れると、切ったところが開いてきれいに仕上がります。

煮る

- 煮汁を煮立ててから魚を入れると、うま味が逃げにくい。
- 落としぶたをすると、煮汁が全体に行きわたって味が均一につく（少ない煮汁で煮る場合が多いため）。
- 魚のコラーゲン（たんぱく質）は、水と加熱するとゼラチン化し、煮汁にとける（さめると煮こごりになる）。
- みそは魚臭さを吸着するため、サバやイワシのような魚はみそ煮が適している。
- 酢、梅干し、しょうがなどを加えて煮ると、魚の生臭さが抑えられる。

揚げる

　素揚げ（衣なし）、から揚げ（衣は小麦粉やかたくり粉）、フライ（衣はパン粉）、天ぷら（衣は小麦粉と卵と水）があります。素揚げやから揚げは、魚の身の脱水が大きくなります。フライや天ぷらは、魚の身の脱水が少なくふわっとなり、衣はカリッとした食感になります。

蒸す

　鮮度のよい白身魚や貝類が向いています。
- 下味をつけ、器に入れて蒸すので、型くずれが少なく仕上がる。
- 魚のすり身に塩を加えて練ると、粘りが出る。これを蒸すと弾力性が出るため、かまぼこなどの練り製品ができる。

貝類

　貝を煮るときは水から加熱すると、うま味が出やすくなります。塩味を中心に、カツオ節を使わず、貝のうま味を出した汁物を、うしお汁（潮汁）といいます。うしお汁は貝だけでなく、タイやサバを用いることもあります。

(4) 盛りつけ

　和食での一尾魚の盛りつけは、頭を左に、腹側を手前にします。つけ合わせは魚の右手前に置くため、前盛りともいいます（➡参照 p.72）。

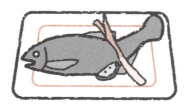
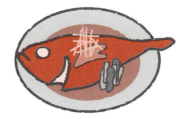

4）卵類

日常よく利用されているのは鶏卵で、幅広い調理特性を持ち、全卵だけでなく卵白、卵黄に分けて料理することもあります。卵殻の色は、遺伝によるものです。

1 卵の性質

卵のたんぱく質は、アミノ酸組成（アミノ酸の種類と量）が人の体のたんぱく質に似ているため、栄養学的に優れています。脂質は卵黄に多く、卵白にはほとんど含まれません。卵は、殻を割ったときに卵黄が丸くて張りがあり、卵白は粘性の高い濃厚卵白がしっかり区別できるものが、新鮮です。

2 卵の調理の特徴

卵は、加熱温度によってかたまり方が違い、それが味の特徴にもなっています。

（1）卵をゆでるときの注意

卵の温度

冷たい卵をゆでると割れやすいので、冷蔵庫から出したらしばらく室温に置き、その後、水からゆでます。

沸騰するまで卵をころがす

沸騰するまで（卵白に流動性がある間ずっと）、なべの中で静かにころがすと、卵黄が中央にくるようにゆで上がります。

水で冷やす

ゆで終わったらすぐに水にとり、さまします。長時間加熱したり、火を止めたまま放置して余熱があったりすると、卵黄の表面が暗緑色になり（硫化第一鉄ができ）、硫黄臭くなります。

ポーチドエッグ

殻のないゆで卵です。湯に入れてから卵が広がるのを防ぐために、塩と酢を湯に入れて、90〜95℃で2分間加熱し、卵黄を半熟状にします。

図1-4　卵の温度による変化

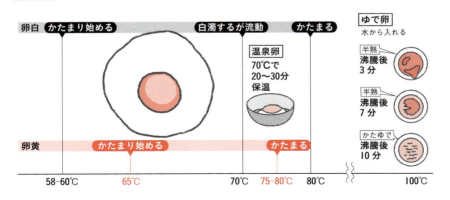

(2) 卵の液体による希釈

　卵はだしや牛乳でうすめて加熱することができますが、卵とほかの液体の割合によって、かたさや味わいが違います。卵豆腐は型抜きしたり切ったりできるかたさ、カスタードプディングは型から出しても形を保つかたさ、茶わん蒸しは型から出さずにすくって食べるとおいしいかたさなど、さまざまな食感を作ることができます（**表1-6**）。添加する調味料もかたさに影響します。食塩は卵をかたまりやすくし、砂糖はかたまるのを抑制するため、す立ち（⇒参照 p.80、102）をできにくくしてなめらかな状態にさせます。

表1-6　希釈卵液の調理

料理名	卵の濃度	希釈割合（卵：液体）	希釈液の種類
卵豆腐	30〜50%	1：1〜1.5	だし
カスタードプディング	20〜33%	1：2〜4	牛乳
茶わん蒸し	20〜25%	1：3〜4	だし

表1-7　卵の調理上の特徴

性質	特性	調理例
熱凝固性	卵黄は75〜80℃、卵白は約80℃で凝固。	ゆで卵、温泉卵、茶わん蒸し、カスタードプディング
希釈性	調味しただしや牛乳でうすめて調理することができる。	カスタードプディング、茶わん蒸し
泡立ち性（起泡性）	卵白のたんぱく質は、撹拌すると泡立つ。卵白は温度が高いほうが泡立ちは速いが、安定はよくない。砂糖を加えると泡が安定。油があると泡立たない。	スポンジケーキ、メレンゲ、マシュマロ
乳化性[注1]	卵黄中のレシチンが、油と水分を乳化させる。	マヨネーズ、アイスクリーム

[注1] **乳化性**　油と水を撹拌することにより、油を油滴にして水の中に均一に分散させる性質。

(3) その他の卵料理の注意点

- 目玉焼きは、熱したフライパンに卵を割り入れた後、少量の水を入れてふたをして焼く方法もある（全体を均一に焼くことができる）。
- スクランブルエッグは、弱火〜中火で作る。
- チャーハンに入れる卵は、強火でいためる（弱火だと油っぽくなる）。
- 薄焼き卵を焼くとき、火が弱すぎると、もろくて破れやすくなる。

5）乳・乳製品

牛乳は、良質たんぱく質やカルシウムの供給源として重要視されています。カルシウムの体内での吸収率は、小魚や緑黄色野菜（19％）よりも、牛乳（40％）のほうが高いです。

■1 牛乳の成分・種類

牛乳とは、生乳（搾ったままの牛の乳）を原料とし、乳脂肪分3.0％以上、無脂乳固形分8.0％以上、細菌数50000以下／mLで加熱殺菌されているものをいいます。牛乳は、生乳では微生物が繁殖しやすいので、殺菌（低温長時間殺菌法、高温短時間殺菌法、超高温瞬間殺菌法など）する必要があります。牛乳は成分を調整したものと殺菌しただけのものがあり、成分調整牛乳には低脂肪牛乳、無脂肪牛乳があります。その他、特別牛乳とは国の認証を受けた無殺菌牛乳または低温殺菌牛乳のことです。加工乳とは生乳、牛乳、特別牛乳を原料として加工したもので、ローファットミルクや濃厚還元牛乳などがあります。

■2 乳・乳製品の調理の特徴

牛乳やクリーム、チーズなどは、料理に風味やこく、まろやかさを与えたり、お菓子に添えたりと、その特徴を生かしてさまざまな料理に利用されています。

(1)牛乳の加熱による変化

被膜ができる

牛乳を温めると、被膜（脂肪とたんぱく質）ができます。

ふきこぼれやすい

温度が高くなると泡立つ性質があります。

加熱臭

70℃以上に加熱すると、牛乳特有の加熱臭が生じます。

(2)牛乳を加えた調理の特徴

料理を白くする

ホワイトソースやシチュー、牛乳ゼリーなどのように、料理の色を白くします。

なめらかな食感と風味

牛乳を加えると、なめらかな食感となります（シチューやグラタン）。

生臭みを消す

牛乳の脂肪やたんぱく質がにおいを吸収し、加熱すると香ばしさがつきます（レバーや魚）。

> 焼き色の付与

焼き菓子に牛乳を加えると、焼き色がつきやすくなります。

> ゼリーやプリンをかたくする

カルシウムが、ゼラチンやカスタードプディングの卵液をかたまりやすくします。

> 酸でかたまる

牛乳のたんぱく質（カゼイン）は、有機酸などを含む食品といっしょに調理すると、凝固しやすくなります（いちご牛乳）。また、いっしょに加熱しすぎると、口当たりがわるくなります（野菜のクリーム煮）。

> じゃが芋をかたくする

牛乳で煮ると、カルシウムの影響で、水で煮るよりかたくなります。そのため、先に水でゆでてやわらかくした後に牛乳を加えます。

3 クリームについて

乳脂肪のクリーム（生クリーム）には、コーヒー・紅茶用の脂肪分が20％前後のクリームと、脂肪分がその約2倍のホイップ用のクリーム（脂肪分30～40％台が主流）があります。ケーキのデコレーションには、乳脂肪35％以上のクリームを使います。泡立ては、室温のような温度ではクリームが分離しやすいので、氷水などで冷やしながら行ないます。また、泡立てすぎも分離につながるので注意が必要です。分離しにくいのは、乳脂肪より植物性脂肪のクリームのほうです。

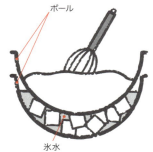

4 チーズについて

一般にチーズは、ナチュラルチーズとプロセスチーズに大別されます。ナチュラルチーズには、熟成するものと非熟成のものがあります（表1-8）。プロセスチーズは、ナチュラルチーズを加熱溶解し、かためたものです。

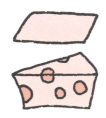

表1-8 ナチュラルチーズの分類

		代表的なチーズ
熟成	超硬質	パルミジャーノ・レッジャーノ
	硬質	エメンタール、チェダー、エダム、グリュイエール
	半硬質	ゴーダ、サムソー、ゴルゴンゾーラ、ロックホール、ラクレット
	軟質	カマンベール、ブリー
非熟成		カッテージ、マスカルポーネ、モッツァレラ

5 ヨーグルトについて

ヨーグルトは牛乳や脱脂粉乳などを原料に、乳酸菌で発酵させた発酵乳です。

ヨーグルトの上に出てくる水分はホエー（乳清）というもので、この中には水溶性のたんぱく質やミネラル、ビタミンなども多く含まれています。乳酸菌には、腸の調子をととのえる働きや免疫力を高める働きもあります。

6）豆類

豆類は多くの種類があります。成分も種類により大きな差がありますが、炭水化物（でんぷん）が多い豆と、たんぱく質や脂質が多い豆の2つに分けられます。

表1-9 主成分による豆の分類

主成分	主な豆	主な調理・加工品
炭水化物、たんぱく質	あずき、えんどう、ささげ、いんげん豆、そら豆	あん、煮豆
たんぱく質、脂質	大豆	煮豆、大豆製品（豆腐、みそなど）

1 大豆の性質

大豆はたんぱく質を約35％含み、良質なたんぱく質源として有用な食品です。脂質を約20％含み、油脂の原料としても用いられます。また、豆腐やみそ、納豆など多くの大豆製品に加工されます。脱脂大豆はたんぱく質が多く、みそ、しょうゆ、大豆たんぱく質などの原料となります。正月の黒豆も、大豆の種類。煮るときに鉄なべを使う（または鉄くぎを入れる）と、黒豆のアントシアニン色素と鉄が結びついて、美しい黒色になります。

2 大豆の調理の特徴

豆の選び方

　大豆は組織が非常にかたく、煮えにくい豆です。さらに、古い豆は新しい豆よりもやわらかくなりにくく、加熱時間を要します。

予備浸漬

　乾物は、加熱前に5～8時間の浸漬を行ないます。浸漬すると、均一に火が通りやすくなります。吸水して大きくふくらむため、水は豆重量の4～5倍用意します。あずきは吸水しにくいので、浸漬せずにすぐに煮ることが多い豆です。

加熱

　吹きこぼれやすいため、なべの中が静かに沸騰する状態に調節します。甘煮を作るときは、豆が充分にやわらかくなった後に砂糖を加えます。一度に大量の砂糖を加えると砂糖濃度が急に高くなる影響により豆がかたくなるため、数回に分けて加えます。

3 大豆製品

豆腐

　浸漬した大豆を水とともに粉砕機にかけ、加熱し濾して豆乳とおからに分けます。さらに豆乳に凝固剤を加えて凝固させたものです。もめん豆腐[注2]や絹ごし豆腐[注3]などの種類があります。

　豆腐を加熱する場合、沸騰状態（90℃以上）で長時間加熱すると、かたくなります。とくにもめん豆腐はす立ち[注4]が見られ、口当たりがわるくなるため、加熱しすぎを避けます。また、食塩水（1％程度）の中では豆腐のす立ちが抑えられるので、みそ汁やすまし汁中の豆腐はす立ちにくくなります。

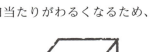

[注2] **もめん豆腐** 豆乳ににがりなどの凝固剤を加えて凝固させたものを、布を敷いた型に入れ、重石をして余分な水を抜き、成形する。舌触りが少しあらく、かため。

[注3] **絹ごし豆腐** 濃い豆乳に凝固剤を加え、型に入れて凝固させる。もめん豆腐より水分が多く、くずれやすい。絹の布を使っているわけではなく、断面が均一で舌触りがなめらかなうえ、もめん豆腐のような布目がまったくないところから、絹ごしと呼ばれている。

[注4] **す立ち** 豆腐内部に無数の穴があく現象。茶わん蒸しやプリンなどでも起きる。

大豆製品は豆腐以外にもいろいろあるよ

油揚げ・厚揚げ

豆腐を切り、重石をして水分を少なくし、油で揚げたものです。油揚げは、湯に浸けたり（かけたり）、ペーパータオルにはさんだりして油抜きすると、表面についている油がとれ、味がしみ込みやすくなります。一方、長時間煮たり、油のこくを生かす料理のときは、油抜きをしなくてもよいでしょう。

凍り豆腐（高野豆腐）

豆腐を凍らせてから乾燥させたものです。乾物なので、料理をする前に湯でもどしますが、直接煮汁で煮ることのできる製品もあります。

ゆば

豆乳を静かに加熱して、表面の膜をすくいとったものです。生と乾燥させたものがあります。

納豆

煮た大豆に納豆菌をつけて、30～43℃で発酵させたものです。糸引き納豆といいます。

7) 野菜類

野菜は、特有の色・味・香り・歯触りがあります。食べる部位が、葉（ほうれん草、キャベツ）、茎（セロリ、うど）、根（大根、ごぼう）、果実（オクラ、きゅうり）、花（ブロッコリー、カリフラワー）の、どれかによって、それぞれ特徴を生かした調理法があります。

1 野菜の性質

(1) 野菜の色による分類

栄養の観点から、100gあたりのβ-カロテン当量が600μg以上のもの、またトマトやピーマンなど、600μg未満のものでも食べる量や使用頻度が高く、カロテンの供給源として期待できるものを、緑黄色野菜（➡参照 p.48）としています。そのほかの色のうすい野菜を、淡色野菜と呼んでいます。

(2) 野菜の成分

野菜の成分は約90％が水分で、栄養面で重要な成分はビタミンA・C、ミネラル、食物繊維です。β-カロテンは、油といっしょに調理すると吸収がよくなります。ビタミンCは不安定で、貯蔵・加工・調理中に失われることが多い栄養素です。食物繊維には、細胞壁などの構成物質のセルロース、ヘミセルロース、ペクチンなどがあります。ミネラルではカリウムがとくに多く、次いでカルシウム、リン、鉄の順です。

(3) 野菜の調理の特徴

生の調理

野菜は、サラダのように生のまま食べることも多い食品です。せん切りキャベツは水に浸けると、細胞内に水が浸透して「パリッ」とし、野菜に塩をふると、細胞内から浸透圧の高い外側へ水分が移動して脱水されしんなりします。これは、細胞膜の半透性の働きによるものです（図1-5）。せん切りキャベツなどを長く水に浸けすぎると、栄養素も味も水に出てしまうので注意します。また、サラダの場合、ドレッシングは食べる直前にかけます。早くかけると野菜が脱水して歯触りがわるくなり、サラダが水っぽくなります。

図1-5 植物細胞の吸水と脱水

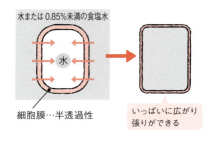

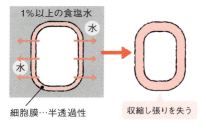

野菜の加熱による変化

野菜を加熱するとやわらかくなるのは、細胞壁にあるペクチンが分解されるためです。また、加熱することでアクが抜けて食べやすくなり、消化吸収もよくなります。アクは食品中の不味成分で、色をわるくする成分などの総称です。野菜のアクには、えぐ味、苦味、渋味などを呈するものがあります（表1-10）。野菜のやわらかさは、加熱の時間や温度、ゆで湯に加える調味料によっても違います。野菜の細胞壁に含まれるペクチンは、90℃以上で加熱するとやわらかくなります。しかし、80℃程度ではやわらかくなりにくく、さらに、60～70℃で加熱したものは、再び加熱してもやわらかくなりにくい性質があります。

表1-10 主なアクの成分

	アク成分	アクを含む主な食品
えぐ味	シュウ酸、シュウ酸塩類、ホモゲンチジン酸など	ほうれん草、よもぎ、竹の子など
苦味	アルカロイド、配糖体、タンニン、サポニンなど	ふきのとう、くわい、きゅうりなど
渋味	タンニン類、アルデヒドなど	柿、栗、未熟な果実や種子
その他　褐変現象	ポリフェノール類	うど、ごぼう、れんこん、なす、山芋など

野菜をゆでるときの注意

野菜は、形や色によって、また、どんな料理に使用するかによって、ゆで方に違いがあります。

下処理

ほうれん草などは、根を切った後、十字に包丁を入れます。洗いやすさと、ゆでたときに太い部分にも均一に熱が入るようにするためです。さやえんどう、やさいんげんなどは、へたと筋をとります。ブロッコリーは、小房に分けます。オクラなどは、ゆでる前に直接手で塩をこすりつけてうぶ毛をとることがあります。

小房に分ける　　根元に十字に切り込み　　へたと筋をとる

ゆで湯の量

● ほうれん草などの緑黄色野菜

アクが多く、色が変化しやすいため、5～8倍量の湯が必要になります。湯の量が多ければ、温度の低下が少なく、色鮮やかにゆでることができます。さらに、加熱後はただちに水にとり完全にさますことが、アク抜きにも、色よく仕上げるにも、よい食感にも必要です。

● キャベツなどの淡色野菜

アクが少ないので、3～4倍量の湯（湯に野菜が浸かる量）でゆでます。また、水にとらず、ざるなどに広げて（生あげ、陸あげ）、野菜のうま味や甘味をできるだけ残すこともあります。アクが少なく、水にとると水っぽさの残るブロッコリーなども、ざるにあげてさまします。

ゆで湯に加える調味料

● 塩

湯の0.5％程度の塩を加えます。塩はペクチンの分解を促進するため、野菜が軟化しやすくなります。

● 酢

カリフラワーやれんこんなどは、ゆでるときに湯の2～3％の酢を加えると、白く仕上がります（**表1-11**）。

ゆでるときのふた

緑黄色野菜をゆでるときにふたをすると、野菜の有機酸が揮発しにくく、ゆで湯の酸性が強まり退色しやすくなるので、ふたはしません。

(4) 野菜の色と変化

野菜が持つ色にはさまざまなものがあり、調理により変化しやすいものがあります（**表1-11**）。

表1-11　野菜の色と調理による変化

	色	色素	色素を含む野菜	性質
脂溶性	緑色	クロロフィル	ほうれん草、小松菜など	酸[※1]や長時間加熱で、黄褐色に変色。短時間加熱やアルカリ（重曹[※2]）で、鮮やかな緑色。低温でも安定（野菜の冷凍が可能）。
脂溶性	黄橙色、赤橙色	カロテノイド	にんじん、トマト	調理に使う程度の酸やアルカリ性では、変化しない。熱に安定。油といっしょに調理すると吸収率が上がる。
水溶性	白色、黄色	フラボノイド	カリフラワー、玉ねぎ	野菜の白色の部分に含まれる。酸性で白色に、アルカリ性で黄色に変化。
水溶性	赤色、青色、紫色	アントシアニン	なす、赤かぶ、紫キャベツ	酸性で赤紫に、アルカリ性で紫色から青色、緑色に変化。

※1　緑黄色野菜を、酢の物にして時間がたつと、色がわるくなる。
※2　山菜などアクが強く組織がかたい野菜は、重曹でゆでることがある。アルカリ性の湯でゆでると鮮緑色になり、やわらかくなる。

(5) 野菜の色の褐変

ごぼう、れんこん、なすなどの野菜は、切り口を放置すると褐変します。これは、野菜中のポリフェノールに切り口を酸化するポリフェノールオキシダーゼという酵素（野菜に含まれる）が作用するためです。この酵素は空気中の酸素の存在下で作用するため、切り口を水に浸けると褐変を防ぐことができます。

野菜を色よく仕上げるために知っておくといいね

褐変を防ぐ方法

●水に浸ける。
　じゃが芋、さつま芋、なす、ごぼうなど。
●酢水（酢は水の1％）に浸ける。
　れんこん、うどなど。
●塩水（塩は水の1％）に浸ける。
　りんご、びわ、梨、白桃など。

(6) 切り方による食感の変化

　野菜の食感は、切り方によっても変わります。繊維の方向に沿って繊維を長く残すように切ると歯ごたえが残り、繊維を短く断ち切ると歯ごたえがなくなって短時間の加熱でやわらかくなります。例えば大根は、サラダにするときには繊維に沿ったせん切りにして食感を残し、汁に入れるときは繊維を断ち切ったいちょう切りにしてやわらかく煮ます。正月のなますを作るときには、斜めの輪切りをせん切りにして中間程度の食感にします。これは、切り方を食感に生かすよい例です。

8) 芋およびでんぷん類

　植物の根や地下茎が大きくなったもので、主な成分は炭水化物でエネルギー源となるため、世界中で食べられています。また、かたくり粉やコーンスターチなど、でんぷんのみをとり出した加工品も多くあります。

1 芋の性質

　芋類は、でんぷんを主成分とした炭水化物を13～30％、水分を70～80％含みます。水分が多いため、穀類のように長く貯蔵することはできません。しかし、焼き芋のように、水を加えなくてもでんぷんが十分に糊化するという利点があります。また、ビタミンやミネラル、食物繊維も豊富で、野菜に似た特徴もあります。さまざまな調理に向くので料理の幅が広がり、料理に季節感を与える役目もあります。

2 芋類の調理の特徴

　種類によって、それぞれの味や口当たりが異なります。じゃが芋は味が淡白で、さつま芋は比較的甘味が強い芋です。じゃが芋やさつま芋はビタミンC源で熱に比較的安定なのが特徴です。加熱による芋のビタミンCの損失は10～20％です。

（1）じゃが芋

でんぷん量により、粉質芋と粘質芋に分けられます。男爵などの粉質芋はほくほくした食感で、粉ふき芋やマッシュポテトに用いられます。メークインなどの粘質芋は煮くずれしにくいので、シチューや煮物に用いられます。煮くずれには、品種以外に芋の成熟度も関与し、新芋は煮くずれしにくく、成熟した芋や貯蔵した芋は煮くずれしやすくなります。

下処理

芽や皮の緑色の部分には、毒性のある成分（ソラニンなど）が含まれます。この成分は、煮る程度の温度では分解しないため、下処理の段階できちんととり除くことが重要です。芽は深くえぐりとり、緑色の皮は厚めにむきます。また、切り口が褐変するため、切ったらすぐに水に浸けます。

芋の切り方と加熱の注意

芋を丸ごとゆでるときは、水からゆでます。大きい芋を熱湯からゆでると、芋のやわらかさに内外差ができやすく、煮くずれの原因となります。小さく切った芋は、湯からゆでると加熱時間を短くできます。

粉ふき芋、マッシュポテト

芋が熱いうちに粉をふかせたり、つぶしたりします。熱いと、細胞が一つひとつ分離しやすいためです。さめると細胞が分離しにくく、力を入れると細胞が破れ、糊化したでんぷんが押し出され、粘りが出て食味を低下させます。

ポテトサラダ

芋が熱いうちに塩・こしょうをすると、味がしみ込みやすくなります。しかし、マヨネーズは、温度が高いと油が分離しやすいため、さめてから加えます。また、ポテトサラダを冷蔵庫に長く入れるとでんぷんが老化し、食味は低下します。

食品や調味料の影響

ほかの食品や調味料が芋に与える影響には、次のようなものがあります。
- ゆで湯に食塩を加えると、早くやわらかくなる。
- 芋を牛乳で煮ると、牛乳のカルシウムイオンが影響するため、やわらかくなりにくい。先に水でゆで、芋がやわらかくなってから牛乳を加えるとよい。

（2）さつま芋

じゃが芋に比べると甘味が強く、きんとんやレモン煮など色を重視する料理も多くあります。近年は紫やオレンジなど、多様な色の芋があります。

下処理

　切った際に切り口から出る乳白色の粘液は、皮の近くに含まれるヤラピンという物質です。水にとけず、空気に触れると黒変するので、これを防ぐには皮を厚くむいて水に浸けます。また、クロロゲン酸などのポリフェノールの酸化により褐変するため、やはり、切ったり皮をむいたりしたら水に浸けます。

焼き芋、ふかし芋

　丸ごとで低温からゆっくり加熱すると、甘味が強くなります。これは、でんぷんを分解して麦芽糖を生成する酵素の作用する温度が比較的長く保たれ、麦芽糖の生成量が多くなるためです。それに対して、電子レンジのように短時間で高温になる加熱を行なうと、短時間で酵素の働きが失われるため、麦芽糖の生成量が少なく、甘味が弱くなります。

レモン煮

　水さらしだけでなく、ゆで湯を一度かえる（ゆでこぼす）と、色よく仕上がります。レモン汁などの酸味を加えると、皮の色が鮮やかになり、煮くずれしにくくなります。

きんとん

　裏ごすときに熱いほうがよいのは、じゃが芋と同じ理由です。砂糖の量が多いので、数回に分けて加えます。一度に加えると、砂糖によって芋が部分的に脱水された状態になるため、ざらついた食感になります。

3 でんぷん

　でんぷんには、種実でんぷん（米、とうもろこし、小麦など）と、根茎でんぷん（じゃが芋、さつま芋、くず、タピオカなど）があります。現在「かたくり粉」といわれる市販品は、じゃが芋でんぷんを主として作られており、カタクリを原料とするものは、ほとんど見られません。料理の種類や季節などにより、使用するでんぷんの種類や使用濃度が違います。例えば、スープの濃度をつけるには小麦粉を、かきたま汁（➡参照 p.24）にはかたくり粉を用います。また、魚や肉にでんぷんをまぶして加熱すると、うま味が逃げにくくなります。

調理上の特徴

　かきたま汁や、あんかけ料理のとろみづけに用いられます。とろみをつけると、具材が沈むのを防ぎ、さめにくくなります。水などでといたかたくり粉を、沸騰しているところに加え、全体を混ぜながら再沸騰させます。再沸騰に時間がかかったり、混ぜ方が不十分だったりすると、なべ底に沈み、ダマになります。

9）果物類

　果物には、適度の甘味と爽快な酸味、特有の色や香りがあります。栄養成分はカリウムに富み、ビタミンCの重要な供給源になります。また、ペクチン、セルロース、ヘミセルロースなどの食物繊維を含みます。ペクチンは、ジャムやマーマレードなどのゼリー化に必要な成分です。果実に多く含まれる果糖は冷やすと甘味を感じやすい性質があります。なお、パパイヤ、パイナップル、キウイフルーツなどは、たんぱく質を分解するプロテアーゼという酵素を含んでいるため、これらの果物を生で肉の漬け汁に用いると、肉をやわらかくすることができます。

10）油脂類

植物性油脂	●植物の種実から採油されたもの ●常温で液体の油（oil）	●大豆油 ●菜種油 ●オリーブ油　など	不飽和脂肪酸（オレイン酸、リノール酸、リノレン酸）に富む
動物性油脂	●動物の乳や脂肪組織から採油されたもの ●常温で固体の脂（fat）	●ラード（豚脂） ●ヘット（牛脂） ●バター　など	飽和脂肪酸（パルミチン酸、ステアリン酸）に富む

11）ゲル化剤

1 かんてん（寒天）

　かんてんの原料は、てんぐさ、おごのりなどの紅藻類です。やわらかな口当たりを楽しむかんてんゼリーには、かんてんの濃度を低くし、小さく切るようなものや急いでかためたいものには、濃度を高くして用います。かんてん調理に用いる濃度は通常、0.5 ～ 1.5%。棒かんてんは、粉かんてんの約2倍の重量を必要とします。

かんてんゼリーの特徴・調理ポイント

- 口の中ではとけないので、もろく歯切れのよい食感。
- かんてんが完全に煮とけてから、砂糖を加える。
- 砂糖が多いほどかたく、透明感は高くなり、離水を抑える。
- かんてん濃度が高いほど透明感が低くなり、やや白っぽくなる。
- オレンジなど酸性の果汁を入れるときは、あらかじめかんてん液を50～60℃にさますとかたまりやすい。高温のかんてん液では、オレンジの風味がなくなる。
- 水ようかんを作るときは、型に入れる前に粗熱をとると、あんが下に沈まない。
- かんてんゼリーは離水しやすい。凝固したかんてんゼリーが、時間がたち水分が分離してくることを離水（離漿）という。濃度が低い場合ほど、また、保存温度が高いほど、離水量は多い。

110

2 ゼラチン

　ゼラチンの原料は骨、牛皮、豚皮などで、主な成分はコラーゲンです。かんてんに比べると消化がよいのが特徴です。

ゼラチンゼリーの特徴・調理ポイント

- 特有の食感と粘弾性がある。体温でとけるので口どけがよく、透明感が高く、離水が少ない。
- 砂糖が多いほどかたくなり、透明感が高くなる。
- 生のパイナップルやキウイフルーツを入れると、かたまらない（たんぱく質分解酵素の影響）。
- 付着性があり、2色（層）のゼリーを作りやすい。

表1-12 **かんてんとゼラチンの特徴**

	種類	使用濃度	下準備	水にとける温度	凝固温度	凝固したゼリーがとける温度
かんてん	棒状、糸状	0.5〜1.5%	30〜60分、水に浸ける	85〜100℃	30〜40℃	90℃前後
	粉末		5分、水に浸ける			
ゼラチン	板状	2〜4%	20分、水に浸ける	40〜50℃	5〜12℃	20〜35℃
	粉末		3分程度、水に浸ける			

2 調味料と調味の割合

　よりおいしく食べられるよう、食品本来の味に調味料や香辛料などを加えることが、調味です。

1）基本的な調味料

1 食塩

　日常使用している食塩の大部分は、海水を精製した海塩です。ほかに、岩塩や伝統的な製法の天日塩などがあります。塩の主成分は NaCl（塩化ナトリウム）ですが、精製塩や食卓塩などにはかたまるのを防ぐための炭酸マグネシウムが、漬物用の塩にはリンゴ酸やにがりが添加されているものもあります。塩は種類によって形状（粒度）や水分含量が違い、一定体積あたりの重量が異なるため、計量スプーンでの計量では、注意が必要です。小さじ1杯の重量は、あら塩（並塩）＝ 5g、食塩・精製塩＝ 6g が目安です。

塩の役割

- 塩味をつける。
- 浸透圧の差による脱水作用（きゅうりの塩もみ）。
- クロロフィルの安定化（ほうれん草のゆで湯に塩）。
- 微生物の繁殖を抑制する防腐作用（漬物や塩蔵品）。
- たんぱく質の凝固を促進する（茶わん蒸し）。
- グルテンの形成を促進する（うどんを作るときに塩）。
- 酵素作用を抑制して褐変を防ぐ（皮をむいたりんごに塩水）。

2 しょうゆ

　大豆、小麦を原料とし、食塩とこうじを加えて製造する発酵食品です。発酵中に生成されるグルタミン酸などのアミノ酸、糖類、有機酸を含み、特有の風味があります。

しょうゆの種類は、
- 濃い口しょうゆ（食塩濃度約15％）
- うす口しょうゆ（食塩濃度約16％）
- たまりしょうゆ（食塩濃度約13％）
- さいしこみしょうゆ（食塩濃度約12％）
- 白しょうゆ（食塩濃度約14％）
- 減塩しょうゆ（食塩濃度約8％）

などがあります。しょうゆは大豆と小麦から作られるものが一般的ですが、魚から作られるしょうゆ（魚醤）もあります。日本のものは、いしる（石川県）、しょっつる（秋田県）、外国のものは、ニョクマム（ベトナム）やナンプラー（タイ）です。

調理特性

- 砂糖やみりんとともに加熱すると、アミノカルボニル反応により、香ばしい香りと色がつく。
- 魚や肉の生臭みをとるマスキング効果（消臭効果）がある。

3 みそ

蒸した大豆に、こうじと食塩を加えて発酵熟成させた調味料です。こうじの原料により、米みそ、豆みそ、麦みそに分類されます。味（甘味、辛味）や色（赤色、淡色）に違いがあり、地域によってもさまざまなみそがあります。食塩濃度は、甘みそが6％前後、辛みそが12〜13％です。みそは加熱しすぎたり、さめた後に再加熱したりすると、舌触りがわるくなり、香気成分が揮発して香りもそこなわれます。そのため、味つけのときは最後に加えます。

調理特性

- 魚のみそ煮などでは、みそのコロイド粒子が生臭みを吸着するとともに、香気成分が魚臭をマスキングする。
- 魚や肉のみそ漬けでは、みその酵素（プロテアーゼ）によって、魚や肉のテクスチャーがやわらかく変化する。
- 酸やアルカリの添加でpHが変動しない緩衝作用があり、みそ汁の具に種々の材料を用いることができる。

4 砂糖

上白糖や三温糖、グラニュー糖があります。さとうきびや、さとう大根を原材料とし、主成分はショ糖です。砂糖は親水性が高い物質で、水にとけやすく、その水分を保持する性質（親水性）があります。加熱の程度により、砂糖自体がシロップから、あめやカラメルソースになり、結晶化してピーナッツなどの白い砂糖衣にもなります。

> 調理特性

- 親水性により、でんぷんの老化を抑制する。
- たんぱく質に作用し、熱変性を抑制する(卵焼きをやわらかく仕上げるなど)。
- 高濃度に砂糖を煮つめることで、食品の水分活性を低下させ、細菌の繁殖を抑制して保存性を高める(ジャム)。
- かんてんやゼラチンのゼリーは、砂糖濃度を高くするとゼリーがかたくなり、離水が少なくなる。
- イーストの発酵を助ける(パンを作るときに砂糖を加え、酵母の栄養とする)。
- ケーキなどに焼き色をつける。

5 みりん

　アルコールに、蒸したもち米と米こうじを混ぜて熟成させたもので、料理に甘味、うま味、つやを与えます。糖分が約43%、アルコールが約14%で、そのほかにアミノ酸や有機酸なども含みます。みりんの甘味は、グルコース(ブドウ糖)を主体としたおだやかなものです。そのため、みりんは砂糖よりも甘みが少なく、砂糖の1/3の甘さとして考えます。みりんは一般に、加熱してアルコール分を除いてから用います。この操作を「煮切る」といいます。伝統的な製法である本みりんのほかに、みりん風調味料などうま味や塩分が加えられているものもあります。

> 調理特性

- 料理に照り・つや・焼き色をつける。
- 肉や魚の身をしめる。
- 芋の煮くずれを防ぐ。

6 食酢

　酢酸を主成分とする酸性調味料です。

> 調理特性

- 酸味料としての役割。
- 防腐(魚の酢じめ)。
- たんぱく質の熱凝固の促進(ポーチドエッグ)。
- たんぱく質を凝固させる(酢じめ)。
- 褐変防止(ごぼうやれんこん)。
- 魚臭の除去(魚の酢洗い)。

2) 計量——材料の計量と食品の廃棄率

　初めての調理でも、計量することによって、レシピ(分量、作り方)と同じように作ることができます。健康を考えると、食品の重量の把握は必要ですが、毎回はかりを出してすべての材料をはかるのでは、調理をめんどうに感じてしまうでしょう。食品の購入や準備の際に、主な食品の概量(➡参照p.51)を把握していることは、調理の効率化につながります。

食品には、食べられる部分（可食部）と食べられない部分（廃棄部）があり、調理のレシピは、一般的に可食部の概量や正味重量で書かれています。廃棄率とは、食品全体に対する廃棄量の割合を示したものです。一般的な廃棄率は、「食品成分表」の廃棄率の欄に食品や調理法ごとに記載されていますが、どこの部分を廃棄としているかもあわせて確認しましょう。廃棄率は調理技術や食べ方によって変わります。

3）調味パーセントをもとにした調味の割合

料理は長い経験から味のつけ方がくふうされ、一般的に好まれる「標準の味」が作られてきました（表2-1）。これを数値（％）で表したものが、調味パーセントです。調味パーセントを用いると、一定の料理の味を知る目安となり、料理に不慣れな人でも失敗が少なくなります。また、1人分でも5人分でも同じ味つけで料理を再現することができます。調味料を％に従い計量して料理に加えることは、摂取量の把握につながるなどの利点もあります。

表2-1　塩分・糖分の調味パーセント

料理名		調味対象	調味パーセント 塩分	調味パーセント 糖分	メモ
汁物	スープ	だし	0.2〜0.5		だしの味が濃い場合は、塩分をうすくできる
	みそ汁	だし	0.6〜0.8		
	すまし汁	だし	0.5〜0.7		
	けんちん汁	だし	0.6〜0.7		
焼き物	魚の塩焼き	魚（一尾魚）	1〜3		鮮度、魚の種類による
		魚（切り身魚）	0.5〜1		
	魚のムニエル	魚	0.5〜1		
	豚肉のくわ焼き	肉	1〜1.5	2〜3	
	ハンバーグ	材料[*1]	0.4〜0.6		*1　全材料に対して
煮物	魚の煮つけ	魚	1.5〜2[*2]	2〜7[*2]	*2　鮮度、魚の種類による
	サバのみそ煮	魚	1.2〜2	6〜8	
	里芋の煮物	芋	0.8〜1.2	4〜6	
	いりどり	材料[*3]	1〜1.2	4〜6	*3　全材料に対して
	青菜の煮浸し	青菜	0.8	1	
	乾物の煮物	材料[*4]	1〜1.5	4〜15	*4　もどした材料に対して
ごはん	炊き込みごはん	米	1.5		
	すし飯	米	1〜1.5[*5]	2〜5	酢12％、*5　飯に対して0.6〜0.8％
	チャーハン	飯	0.5〜0.8		油5〜8％
その他	お浸し	材料[*6]	0.8〜1		*6　ゆでる前の材料に対して
	野菜のいため物	材料[*7]	0.5〜1	0.5	油5〜10％、*7　全材料に対して
	茶わん蒸し	卵液	0.3〜0.6		
	野菜の即席漬け	材料	1.5〜2		

女子栄養大学調理学研究室・調理科学研究室　編

1 調味パーセントの基礎

塩味のつけ方（塩分の換算）

塩味は食塩以外に、しょうゆやみそでつけることもあります。いずれの調味料も種類によって含まれる食塩の量が異なるため、注意が必要です（**表 2-2**）。

甘味のつけ方（糖分の換算）

甘味には、砂糖とみりんを利用します。砂糖の甘味物質はスクロース（ショ糖）です。みりんの甘味はグルコース（ブドウ糖）を主体としたおだやかな甘味で、42%のグルコースを含みます。

みりんをショ糖（砂糖）で糖分換算します。グルコースの甘味はショ糖の8割程度であるため、ショ糖と同程度の甘味に換算すると、42×0.8＝33.6で、33.6%糖分となります。みりんの甘さは、砂糖の1/3として考えます（**表 2-2**）。

表2-2 計量スプーンによる塩分量・糖分量

	塩分量[※1]			糖分量	
	塩	しょうゆ[※2]	みそ[※3]	砂糖	みりん
小さじ	6g	0.9g（約1g）	0.7g	3g	2g
大さじ	18g	2.7g（約3g）	2.2g	9g	6g

※1 塩分量は、いわゆる「食塩相当量」を意味する。
※2 一般に使用される濃い口しょうゆ（塩分約15%）。
※3 一般に使用される信州みそ（塩分約12%）。

2 調味パーセントの計算の仕方

調味パーセントは塩味や甘味のほかに、酢、油、かたくり粉、だしなどにも応用されます。次の計算式を用いると、調味パーセントと、使用する調味料の重量がわかります。

調味パーセント（%）＝調味料の重量[※1]（g）÷材料の重量（g）×100
※1 しょうゆ・みそは塩分量に、みりんは糖分量に換算した重量。

調味料の重量[※2]（g）＝材料の重量（g）×調味パーセント（%）÷100
※2 塩・砂糖以外は、しょうゆ・みそは塩分量、みりんは糖分量から、使用量（調味料の重量）へ換算する必要がある。

調味パーセントから調味料の重量を計算する場合

手順1	→	手順2	→	手順3
調味パーセントから、塩分（糖分）重量を計算します。		調味料が2種類の場合は、塩分（糖分）を重量比で分けます。		塩分（糖分）重量から、調味料の使用量を計算します。

例1　魚の煮つけ

魚3切れ300gに対し、しょうゆで1%塩分に味つけをします。

手順1

300×1÷100＝3g（塩分）

手順3

Ⓐ <u>計量スプーンを利用した簡便法（**表2-2**から換算する方法）</u>

しょうゆ大さじ1の塩分量は2.7gなので、しょうゆ3g塩分は大さじ1強となります。

Ⓑ <u>正確に調味料を重量計量したい場合（計算式を使用する方法）</u>

しょうゆ重量（g）＝塩分量×100÷しょうゆの塩分（14.5%）

3×100÷14.5＝20.7　しょうゆの使用量は20.7gとなります。

例2　みそ汁

だし600gに対し、みそで0.6%塩分に味つけをします。

手順1

600×0.6÷100＝3.6g（塩分）

手順3

Ⓐ <u>計量スプーンを利用した簡便法（**表2-2**から換算する方法）</u>

みその大さじ1の塩分量は2.2gなので、みそ3.6g塩分は大さじ1と2/3となります。

Ⓑ <u>正確に調味料を重量計量したい場合（計算式を使用する方法）</u>

みそ重量（g）＝塩分量×100÷みその塩分（12.4%）

3.6×100÷12.4＝29.0　みその使用量は29.0gとなります。

例3　すまし汁（塩としょうゆの併用）

だし600gに対して0.6%塩分に味つけをします。塩としょうゆは、塩分重量比で3：1とします。

手順1

600×0.6÷100＝3.6g（塩分）

手順2

塩：しょうゆ＝3：1の比率により

　塩　3.6×3/4＝2.7g　　　しょうゆ　3.6×1/4＝0.9g

手順3

Ⓐ <u>計量スプーンを利用した簡便法（**表2-2**から換算する方法）</u>

塩は小さじ1が6gなので、塩2.7gは小さじ1/2弱となります。

しょうゆ小さじ1（6g）の塩分量が0.9gなので、しょうゆはちょうど小さじ1です。

Ⓑ <u>正確に調味料を重量計量したい場合（計算式を使用する方法）</u>

しょうゆ重量（g）＝塩分量×100÷しょうゆの塩分（14.5%）

0.9×100÷14.5＝6.2　しょうゆの使用量は6.2gとなります。

3 外割調味パーセントと内割調味パーセント

外割調味パーセント＝調味料[※1]の重量÷材料の重量×100

内割調味パーセント＝調味料[※1]の重量÷全重量（材料＋調味料の重量）×100

※1 糖分または塩分

　通常の調理では、外割調味パーセントを使います。例えば、水100mLに塩1gを加えた場合の調味パーセントは、$1÷100×100 = 1$となり、1%塩分です。一方、内割調味パーセントは、「15%塩分のしょうゆ」を例にすると、しょうゆ100gの中に食塩15gが含まれる場合をいいます。

4 調味の対象

　調理法や料理によって調味パーセントの対象になる材料が変わるので、注意が必要です。レシピに記載されている調味パーセントは、なにに対してかを覚えましょう。

- ●汁物…だし汁の重量に対して。
- ●煮物…材料の合計重量（正味重量の合計値）に対して（だしは除く）。
- ●焼き物、いため物、揚げ物…材料（正味）重量に対して。
- ●切り身魚…魚の重量に対して。
- ●一尾魚…下処理後の魚の重量に対して。
- ●乾物…水などでもどした後の重量に対して（表2-3）。
- ●米…乾物の米重量に対して。
- ●飯を用いた料理…飯の重量に対して。

表2-3 乾物のもどし倍率（目安量）

乾物名	概量	乾物重量 (g)	もどし後重量 (g)	倍率 (%)	備考
しいたけ（香信）	1個	2	8	約4	
きくらげ	5個	2	14	約7	
凍り豆腐（高野豆腐）	1個	17	102	約6	
長ひじき		5	22.5	約4.5	
芽ひじき		5	50	約10	
切り干し大根		10	40	約4	
かんぴょう	1本 (40cm)	4	20	約5	
はるさめ	1袋	100	400	約4	
わかめ		2	24	約12	カットわかめ、もどし10分
大豆	1カップ	150	330	約2.2	ゆで上がり重量
いんげん豆	1カップ	160	352	約2.2	ゆで上がり重量
あずき	1カップ	170	391	約2.3	ゆで上がり重量

出典：『調理のためのベーシックデータ 第5版』女子栄養大学出版部、2018年、『食品の栄養とカロリー事典 改訂版』女子栄養大学出版部、2017年

5 調味の手順と味の相互作用

　調味には複数の調味料を用い、おいしく感じられるように調味料の濃度を加減するだけでなく、味の組み合わせによる相互作用（表 2-4）の利用や、調味料の添加順に注意することもあります。酢、しょうゆ、みそは、有機酸や香りなどの揮発成分が多いため、香気成分をできるだけ失わないよう、調理の後半のほうで加えます。

表 2-4　味の相互作用

分類	味の組み合わせ	効果	例
相乗効果	うま味（MSG[※1] ＋ IMP[※2]）	うま味が強まる	昆布とカツオ節だし
対比効果	甘味（主）＋塩味 うま味（主）＋塩味	甘味が強まる うま味が強まる	おしるこに少量の食塩を加える だしに少量の食塩を加える
抑制効果	苦味（主）＋甘味 酸味（主）＋ 塩味／甘味	苦味が弱まる 酸味が弱まる	コーヒーに砂糖を加える 酢の物に食塩、砂糖を加える
変調効果	先に味わった呈味物質の影響で、後に味わう食べ物の味が異なって感じられる現象		濃厚な食塩水を味わった直後の水は甘く感じる
順応効果	ある強さの呈味物質を長時間味わっていると、閾値が上昇する現象		甘いケーキを続けて食べると、甘味の感度が鈍る

※1　L-グルタミン酸ナトリウム
※2　5'-イノシン酸ナトリウム
参考：下坂智恵『ネオエスカ 調理学』同文書院、2004年、p.32

みそ

　みそ汁の場合、みその香りがとぶことを防ぐために、みそは最後に加えます。一方、魚のみそ煮では、みそが魚の生臭さを軽減させることから、最初からみそを加えて煮ます。

みりん

　砂糖と併用して使用されますが、みりんは根菜類や芋類の軟化を遅らせる性質があるため、後から加えます。しかし、煮くずれを防ぐ目的で、加熱初期の段階から加えることもあります。

魚の煮つけ

　調味料をすべて合わせて一度煮立ててから、魚を入れます。魚は、野菜や芋のように水から煮ると、うま味が流出します。

　味には、5 基本味（甘味、塩味、酸味、苦味、うま味）と、その他の味があります。通常、食べ物ではそれらの味を単独で味わうことはほとんどなく、複数の味を同時に味わうことが多いです。2 種類以上の味が共存すると、相互に影響し合って複雑な食味を作り出します。

6 料理の味と温度

　食品や料理は、温度によっておいしさが変わります。適温は、個人差や環境条件によって異なりますが、体温の±25～30℃とされています。

　また、温度によって味の感じ方が変わることがあります。季節によって料理の温度を調節することもありますが、下記のように、料理と温度の特徴を知ることもたいせつです。

果物

果物の果糖は、冷やしたほうが甘く感じます。

ジュース

冷たいものよりも、体温程度のほうが甘く感じます。

スープや汁物

さめると塩味を強く感じます。

コーヒー

あたたかいものより、冷たいもののほうが苦く感じます。

酢の物

冷たくしても常温でも、感じる酸っぱさはあまり変わりません。

Chapter 3

3 衛生的な食事

1 家庭の調理における衛生管理の基本

食中毒を起こさないために、以下のことを守りましょう。

1）個人の衛生

1 料理を作る人の健康状態

●料理を作る人は、自身の健康管理に気をつけましょう。

　以下の症状（**表1-1**）がある場合は保菌者、あるいはウイルスに感染している可能性があるため、調理を行なってはいけません。保菌者などが調理を行なうと、その人の手を介して病原菌が食品に移り、それを食べた人が食中毒となるおそれがあります。

表1-1 調理者の健康状態と望ましい対応

健康状態	調理	対応
●嘔吐、下痢、発熱などの症状がある場合	禁止（食中毒のおそれがあるため）	症状が続くようならば、早めに医師の診断を受ける。
●手指に化膿創がある場合 ●咳、鼻水などのかぜの症状がみられる場合	避ける	使い捨て手袋やマスクをして、化膿創や唾、鼻水に触れないように厳重注意する。生で食べる料理や盛りつけなどは避ける。

2 身支度

●調理をする人は、身体の清潔保持（**表1-2**）に努めましょう。

表1-2 身体の清潔保持

手指	爪は短く切る（爪と指の間に細菌が多くいるため）。 マニキュアはしない（異物混入の防止）。
頭髪	調理前にブラッシングし、着衣に付着した髪の毛をとり除く。三角巾や帽子を被り、髪の毛が落ちないようにする（異物混入の防止）。
アクセサリー類	イアリング、ピアスなどははずす（異物混入の防止）。 指輪ははずす（指と指輪の間に細菌がつきやすいため）。
香水	香りの強いものは控える。
トイレ	入る前にエプロン、三角巾を脱ぐ。出た後は、よく手洗いをしてからエプロン、三角巾を身につける。

3 手洗い

- 手の洗い方（**表1-3**、**図1-1**）、洗うタイミング（**表1-3**）を守りましょう。

表1-3 手洗いの方法およびタイミング

手洗いの方法	①水せっけんを使用し、手・指先・指の間・手首にかけて充分に洗う。 ②汚れたせっけんを流水で充分に洗い流す。 ③以上を2回繰り返す2度洗いが効果的。 ④乾いた清潔なタオルで手をふく。できればペーパータオルを使用。 ⑤消毒用アルコールを手指によくすりこむ。
手洗いのタイミング	●作業開始前 ●生の食肉類・魚介類・卵類に触れた後 ●盛りつけ・配膳の前 ●トイレの後 ●顔などに触れた後や身支度をととのえ直した後

図1-1 手洗いの方法

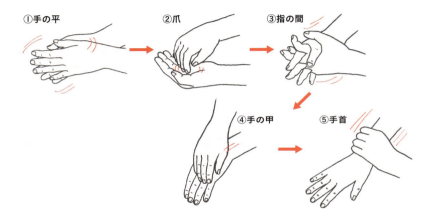

2）環境の衛生

1 調理室の衛生

　作業する前に、床・作業台・シンクの状態を確認しましょう。ごみや汚れをふきとり、害虫（ハエ、ゴキブリなど）を駆除しましょう。

2 ペットを飼っている場合の対応

　細菌や毛、臭気を調理室に持ち込まないよう注意しましょう。

3）食品の入手から調理・清掃まで

1 食品の入手
- 新鮮な物を必要量購入し、速やかに冷蔵あるいは冷凍しましょう。
- 入手した食品は、できるだけ早く使用しましょう。
　生鮮食料品はとくに傷みやすいので、たくさん買い置きすることは避け、できるだけ早く使用しましょう。
- 消費期限および賞味期限を確認して使用しましょう。
- 公共の販売ルートを介さないで入手した食品（山で採取した山菜やきのこ、または海や川で釣った魚など）については、充分に気をつけましょう。
　既知の食品と間違え、食中毒を起こした例が多数見られます。食べられる食品かどうか、充分に確認しましょう。

2 下準備
- 野菜類、果物類、芋類は、使用前に水道水で充分に洗浄しましょう。魚介類は、表面を真水で流してから使用しましょう。
　食品は入手したとき、すでに細菌やウイルスが付着しているため、洗浄によってとり除きます。また、付着する土などの汚れや微生物、農薬なども洗浄によって除きます。やわらかく損傷しやすい野菜はふり洗い、組織がしっかりした食品や殻つきの貝などはこすり洗いします。なお、魚は表面を真水で洗うことにより、海水中に存在していた細菌が減少します。
- 調理に使用する水は、安全が確認されている水道水を利用しましょう。
　井戸水などは、水質の確認を行ない（残留塩素濃度を調べたり、異臭・色・異物がないかを確認したりする）、安全を確認してから使用しましょう。
- 果物やサラダなど生で食べる食品は、清潔なシンクで洗いましょう。

　泥つきの食品や魚介類を洗った後は、シンクが細菌で汚染されているおそれがあるため、洗剤で充分に洗い、水で流してから使用しましょう。

3 調理
- 作業前には、せっけんを使って手をよく洗いましょう（**表1-3**）。
- 調理器具は、清潔なものを使用しましょう。
- 加熱調理するときは、食品の中心部までしっかりと加熱しましょう。
　食品の中心部をはかる温度計があると便利です。最も火の通りがわるい食品の中心部が75℃になってから1分間以上の加熱をすることが基本ですが、ノロウイルスが疑われる食品（カキ、ホタテ、アサリ、シジミといった二枚貝など）は、中心部が85～90℃になってから90秒間の加熱が推奨されます。平たく厚みのある食品は、最も厚い部分または個体の中心部を測定しましょう。
- 加熱したものを冷却する場合は、できるだけ早くさましましょう。

食中毒の原因菌などが増えるおそれがあるので、長時間室温に置かないようにします。水冷する、氷冷する、いくつかのきれいな容器に移し替えるなどして、できるだけ短時間でさましましょう。粗熱がとれたら、すぐに冷蔵庫に入れて10℃以下に保管しましょう。

- 盛りつけの前は手を洗い、盛りつけに使用する箸や皿は清潔なものを使用しましょう。

手や器具を通して、食品や料理が食中毒菌に汚染されることを二次汚染といいます。盛りつけの際に起こりやすいです。生の肉・魚介類・卵を扱った箸は、盛りつけに使用してはいけません。

4 食事

- 食事の前にはせっけんでよく手を洗いましょう。また、食事をする人に手洗いを励行させましょう。
- 調理後の料理は、できるだけ早く食べましょう。

保管温度が高いと、細菌が増殖するおそれがあります。食べるまでに時間があるときは、ふたつきの容器に入れて（異物混入の防止）、冷蔵庫で保管しましょう。

5 片づけ・清掃

- 使用後のまな板、包丁、容器などは、洗剤を用いて洗浄した後、流水で充分にすすぎ、最後に熱湯をかけるか漂白剤で殺菌し、乾燥して保管しましょう。
- スポンジ、たわし、ふきんは、洗剤を用いて洗浄した後、流水ですすぎ、まな板と同様に殺菌し、充分に乾かしましょう。
- 食品や料理は、ビニールやラップなどで包装し、戸棚や冷蔵庫、冷凍庫に保管しましょう。

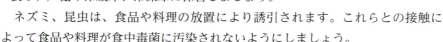

ネズミ、昆虫は、食品や料理の放置により誘引されます。これらとの接触によって食品や料理が食中毒菌に汚染されないようにしましょう。

6 食品の保存

- 解凍した食品は、再度冷凍することは避けましょう。

一度解凍した食品は、食中毒の原因となる細菌が増殖しているおそれがあります。

2 食中毒の原因と予防

食品の扱いや調理の方法を誤ると、食中毒など甚大な被害が発生します。

食中毒とは、食中毒の原因となる微生物・有害物質・有毒物質などが食品に混入あるいは存在し、それを人が摂取することにより発生する健康障害のことです。下痢や嘔吐などの胃腸症状が、比較的急性にあらわれます。料理をする際は、食中毒に関する知識を持ち、予防に努めなければなりません。

1) 食中毒の種類

食中毒の原因となる微生物や化学物質などを、病因物質と呼びます。その病因物質によって、食中毒は以下のように分類されます。

表2-1 病因物質による食中毒の分類

食中毒の種類		特徴[主な原因]
細菌性食中毒	感染型	食中毒の原因菌が食品中で増殖し、その細菌が生きたまま食品を介して体内に入り発病する。 [主な食中毒原因菌:サルモネラ属菌、腸炎ビブリオ、カンピロバクター、腸管出血性大腸菌、ウェルシュ菌、下痢型セレウス菌など]
	毒素型	食品内で食中毒原因菌が増殖するとき、食品内に毒素が産生され、この毒素が食品を介して体内に入り、発病する。 [主な食中毒原因菌:ブドウ球菌、嘔吐型セレウス菌、ボツリヌス菌など]
ウイルス性食中毒		食品などを介してウイルスが体内に入り、体内で増殖することにより発病する。 [主な食中毒ウイルス:ノロウイルス、A型肝炎ウイルス、E型肝炎ウイルスなど]
化学性食中毒		工業薬品、農薬などの化学製品や、器具、容器などに由来する重金属そのほかの有害性物質が食品に混入し、体内に入って発病する。 [主な原因物質:ヒスタミン、酸敗油脂など]
自然毒による食中毒	動物性	動物性食品に含まれる毒が体内に入り発病する。 [主な原因物質:フグ、貝毒など]
	植物性	植物性食品に含まれる毒が体内に入り発病する。 [主な原因物質:毒きのこ、毒草など]
寄生虫による食中毒		魚介類や獣肉を介して寄生虫が体内に入り、胃や腸壁に侵入し発病する。 [主な寄生虫:クドア、サルコシスティス、アニサキスなど]

2）食中毒の発生状況

　近年、寄生虫を原因とする食中毒事件が事件数では最も多くなっていますが、患者数では細菌やウイルスを原因とするものが9割近くを占めています。細菌を原因とする食中毒（細菌性食中毒）の発生は、細菌の増殖に適した気温や湿度となる5月くらいから増加し始め、6〜10月に多発する傾向が認められます。また、ウイルスを原因とするウイルス性食中毒は、細菌とは反対に10月ごろから増加し始め、翌年の1〜4月にかけて多発する傾向にあります。そのため、食中毒は年間を通して発生しています。

　自然毒では、動物性食中毒の発生は、多くはないですが年間を通して認められ、植物性食中毒は、きのこが採取される9〜10月と春の山菜摘みシーズンの5〜6月にピークが認められます。寄生虫は、年間を通じて発生が認められます。

3）細菌性食中毒の原因と予防

1 感染型食中毒原因菌と毒素型食中毒原因菌

　細菌性食中毒は、発病を起こす原因の違いにより、感染型と毒素型に分類されます。感染型食中毒は、細菌が生きたまま食品とともに体内に入って発病します。一方、毒素型食中毒は、あらかじめ食品中で細菌が産生した毒素を摂取することにより発病します。

2 感染型食中毒原因菌の発病と予防

　一般的には腸管出血性大腸菌のような病原性が強いとされる細菌ほど、また、幼少児や高齢者ほど、少量の菌でも感染してしまうことがあります。発病の予防策は、充分な加熱です。最も厚みのある箇所の中心部が、75℃以上になってから1分間以上の加熱をしましょう（➡参照 p.123）。あらかじめ、原因となる食品を加熱などによって殺菌処理することにより、食中毒は未然に防ぐことができます。

3 毒素型食中毒原因菌の発病と予防

　毒素型食中毒は、食中毒菌が食品内で増殖する過程で産生された毒素そのものを、人が摂取することによって起こります。その毒素は、耐熱性毒素と易熱性毒素に分類されます（**表2-2**）。易熱性毒素であるボツリヌス菌の毒素は、充分な煮沸で食中毒を予防できます。しかし、そのほかの毒素は熱に強いものが多く、加熱により破壊されないことから、食品内で菌が増殖し、毒素を産生させないように、10℃以下で保存することが必要です。その毒素が熱に強い場合、毒素産生後は食品を加熱しても食中毒を防ぐことはできません。

表2-2　毒素型食中毒原因菌による食中毒の予防方法

分類	予防方法
耐熱性毒素	加熱して細菌を死滅させても毒素はそのまま残る（100℃30分の加熱でも破壊されない）ため、あらかじめ食品内での菌の増殖と毒素の産生を防ぐことが肝要。主な毒素は、黄色ブドウ球菌の産生する毒素（エンテロトキシン）、嘔吐型セレウス菌が産生する毒素（セレウリド）。
易熱性毒素	食べる前に加熱することで中毒の発生は防止される。ボツリヌス菌の産生する毒素は、80℃30分の加熱あるいは煮沸で破壊される。

4 細菌の増殖要因

菌が増殖し毒素が産生されるには、湿度（水分活性）、温度、酸素、水素イオン濃度（pH）、栄養条件、保存料（食品添加物）の有無、共存微生物の有無、さらに、時間的な因子などが互いに重なって影響をおよぼすことが知られています。これらをコントロールすることにより、細菌の増殖・毒素の産生を防止することができます。

(1) 湿度（水分活性）[注1]

●水分活性（Water Activity；Aw）が低いほど、細菌の増殖は抑えられます。

細菌の増殖を抑制するAwは、微生物の種類によって一律ではありませんが、食中毒などの原因となる細菌類の多くは好湿度微生物に属し、Aw 0.90以上でないと発育できません。毒素の産生も、ほぼこの発育Aw値に準じます。食品の塩漬け、糖漬け、乾燥などは、食品の水分活性を下げることを目的として行なわれます。

[注1]
水分活性　食品中の水には、その存在状態により自由水と結合水がある。水分活性は、食品中の水分に占める自由水の割合を示した指標。0〜1.0の間の値をとる。

図2-1　細菌の増殖と水分活性の関係

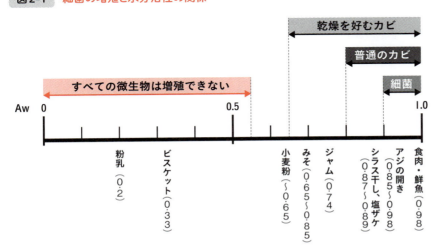

(2) 温度

- 細菌は発育可能温度の範囲を超えると増殖できなくなり、とくに高温域では死滅します。

細菌は最もよく増殖できる温度帯により、低温菌、中温菌、高温菌に分類され、人に病原性を示す細菌の多くは中温菌に属します（**表2-3**）。発育可能温度の上限を超えると死滅しますが、低温には耐性があるため、低温あるいは冷凍環境下でも細菌が死滅することはありません。増殖しないが生存しているため、冷蔵庫や冷凍庫から出して発育可能温度に達すると、菌が増殖するおそれがあります。冷蔵または解凍後の食品は、菌が増殖しないように速やかに調理しましょう。

表2-3　微生物の増殖温度

	最適温度	発育可能温度	該当する微生物
低温菌	20～30℃	0～30℃	エルシニア、リステリア
中温菌	30～40℃	10～45℃	カビ、酵母、腐敗細菌、ほとんどの食中毒原因菌
高温菌（好熱菌）	50～60℃	40～70℃	温泉や堆肥中に存在する菌

(3) 水素イオン濃度[注2]（pH）

注2
水素イオン濃度　pH値。酸性度やアルカリ性度をはかる数値。

- 食品のpHをコントロールすることにより、微生物の増殖を防ぐことが可能です。

細菌の種類によって、増殖や代謝の最適pHは異なります。病原性をもつ細菌の多くは、おおむねpH5～9の範囲で増殖し、中性付近（最適pHは7.0～7.6）ではとくに増殖します。食品の酢漬けは、食品のpHを下げて酸性にすることによって有害細菌の増殖を防止し、保存性を高めています。

図2-2　食品のpHおよび微生物の増殖の関係

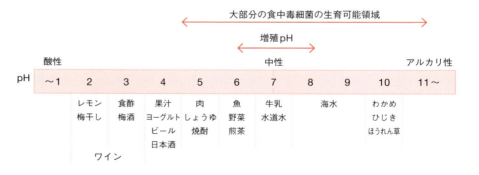

(4) 酸素

- 細菌には、増殖するために酸素を必要とする好気性菌や、酸素があると増殖できない嫌気性菌など、酸素の有無による増え方の違いがあります（**表2-4**）。

　ほとんどの食中毒原因菌は通性嫌気性菌であり、酸素の有無にかかわらず増殖できます。しかしなかには、酸素が無いところのみで増殖できる菌や、酸素濃度の低いところで増殖できる菌も存在します。

表2-4 微生物の酸素適応の違いによる分類

分類	性質［微生物の種類］
好気性菌	酸素がないと増殖できない。 ［カビ］
微好気性菌	酸素濃度の少ない（3～15%）環境でのみ増殖できる。 ※空気は酸素濃度約20% ［カンピロバクター］
通性嫌気性菌	酸素の有無にかかわらず増殖できる。 ［サルモネラ属菌、腸炎ビブリオ、下痢原性大腸菌、黄色ブドウ球菌、セレウス菌などほとんどの食中毒原因菌］
嫌気性菌	酸素がないところでのみ増殖できる。毒素が産生される場合もある。 ［ボツリヌス菌、ウェルシュ菌など］

　真空パック包装は、中の空気を吸い出して真空状態にして密封されているため、好気性・微好気性菌の増殖を抑制します。しかし、嫌気性菌の増殖には好都合な環境となり、毒素を産生して中毒を起こすことにもなりかねません。また、煮込んだカレーやシチューなどを、なべに入れたまま、かき混ぜることなく室温放置することも、嫌気性菌の増殖に好都合（表面は酸素に触れているが、中身は酸素が遮断された嫌気状態である）となります。保存のためにさます際には平たい容器に小分けし、温度を速やかに下げる、表面を多く酸素に触れさせるなどのくふうが必要です。そして粗熱がとれたら、すぐに冷蔵または冷凍庫に入れるようにしましょう。

食中毒原因菌が増える要因や予防方法を押さえておこう

3 食品の表示

1) 栄養成分表示

食品表示には、食品表示法で表示することが定められている義務表示があります。義務表示には、①安全に食べるための情報として、アレルゲン、消費期限、保存方法などがあり、②商品選択のための情報として、原材料、原産地、栄養成分表示などがあります。

栄養成分表示には表示方法が定められています。基本5項目として熱量、たんぱく質、脂質、炭水化物、食塩相当量が義務付けられています。表示方法は**図3-1**が一例です。その他、推奨表示として飽和脂肪酸、食物繊維の2項目、さらに任意表示が定められています。

図3-1
栄養成分表示の例

栄養成分表示 [1個（○g）あたり]	
熱量	○kcal
たんぱく質	○g
脂質	○g
炭水化物	○g
食塩担当量	○g

2) 期限表示

期限表示には、消費期限と賞味期限があります。消費期限は、品質が変化しやすく、保存期間が5日間程度の早く消費すべき食品に、年月日で表示されるものです。一方、賞味期限は、比較的長く保存できる食品に、年月日あるいは年月で表示されるものです。どちらの表示も、"未開封で記載されている保存条件を守った状態の期限"であり、開封後は無効となります。

図3-2 食品の流通保存の期間においての表示の方法

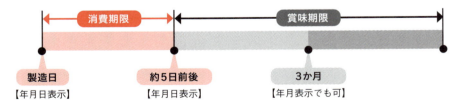

※保存方法については、期限表示の近辺に合わせて記載することとなっている。
　常温保存の場合は記載を省略できる。

3) 食品の容器・包装につけられているマーク

消費者が食品を選ぶ際に必要な情報を提示するために、食品にはさまざまなマークがつけられています。これらの表示マークは「国の基準で定められているもの」（**表3-1, 表3-2**）あるいは「協会による審査または、協議会などの自主規格に合格したものにつけられるもの」（**表3-3**）などがあります。

表3-1　消費者庁から認可または許可を受けた食品につけられるマーク

特別用途食品マーク		特定保健用食品の許可証票マーク	
	消費者庁長官の許可または承認を受けた特別用途食品につけられるマーク。区分欄には、「病者用食品」「妊産婦・授乳婦用粉乳」「乳児用調整乳」「えん下困難者用食品」が記載されている。		消費者庁長官の許可または承認を受けた特別用途食品のうち特定保健用食品につけられるマーク。「許可」の文字は輸入品の場合「承認」となる。一般に特定保健用食品は「トクホ」と呼ばれている。

出典：消費者庁webページ

表3-2　日本農林規格等に関する法律（JAS法）に基づきつけられるマーク

JASマーク		有機JASマーク	
	品位、成分、性能などの品質について一定の規格基準に合格したときに表示されるマーク。一般JASマーク、特定JASマーク、有機JASマークなどがある。		特定JAS規格のうちの一つ。化学的に合成された肥料や農薬を原則として使用しない農産物やそれを原料として加工された農産加工食品のマーク。

出典：農林水産省webページ

表3-3　協会による審査または協議会などの自主規格に合格したものにつけられるマーク

JHFAマーク		地域特産品認証食品マーク（Eマーク）	
	公益財団法人日本健康・栄養食品協会が、成分や表示内容などの製品品質について審査をして、認定された健康食品に表示される。		地域の特色ある原材料や技術によって作られ、品質の優れた特産品に表示される。各都道府県が地域特産品認証事業を実施し、認証基準を定め、認証する。※左は東京都の例
冷凍食品の認定証マーク		米の情報提供マーク	
	一般社団法人日本冷凍食品協会が認定した冷凍食品に表示される。		一般財団法人日本穀物検定協会が、米の産地、食味、安全性について分析を行ない、その結果を確認情報として提供している米に表示される。
HACCP認定マーク		無洗米の認証マーク	
	一般社団法人日本精米工業会により、「精米HACCP認定」された精米工場で生産された米に表示される。食品として安全が確保され、品質も確かな精米であることを表している。		特定非営利活動法人全国無洗米協会が定めた規格基準安全面・品質面・環境面をクリアした無洗米に表示される。
ユニバーサルデザインフードのマーク		公正取引協議会のマーク（公正マーク）	
	日本介護食品協議会が定めた規格に適合する介護用加工食品（ユニバーサルデザインフード）に表示される。		公正取引協議会が構成事業者の商品で、その商品が公正競争規約に従い適正な表示をしていると認められるものに表示される。公正マークがついている食品乳製品（飲用乳）、飲料（もろみ酢、レギュラーコーヒーなど）、食卓食品（辛子めんたいこ食品、食肉、生めん類、ハム・ソーセージ類、鶏卵）、調味料（食用塩、みそ、ドレッシング類）、菓子類など（観光土産品、はちみつ類、ローヤルゼリー）

4　環境に留意した調理

　私たちの生活は環境と深く関わっており、食品の生産から流通、そしてその食品を購入・調理し、ごみを廃棄する一連の流れにおいては、多くのエネルギーが使用されます。エネルギーの過度の使用は、二酸化炭素などの温室効果ガスの排出ひいては気候変動、地球温暖化など世界の環境破壊につながるおそれがあるため、エネルギーの使用を抑制し、環境への影響を減らすとり組みが必要です。

1）持続可能な開発目標SDGs（エス・ディ・ジーズ）

　持続可能な開発目標SDGs（Sustainable Development Goals）は、2015年の国連サミットで採択されました。2030年までに持続可能でよりよい世界を目指す国際目標で、17のゴールと169のターゲットから構成されています。SDGsは先進国と発展途上国すべての国を対象に、経済・社会・環境の3つの側面のバランスのとれた社会を目指す世界共通の普遍的な目標です。

　私たちが食品を購入して調理し、食事をして廃棄するといった食生活の中にも、SDGsに関わりのある取り組みがたくさん含まれます。以下に示すような身近なくふうもSDGsの実現に役立ちます。

2）食品ロス対策

SDGs目標

　「食品ロス」とは、本来食べられるのにもかかわらず廃棄されている食品のことをいいます。家庭から出る食品ロスの原因は、野菜や果物の皮などを厚くむきすぎたりする「過剰除去」、保存したままで消費期限切れになり未開封のまま食べずに廃棄する「直接廃棄」、作りすぎなどで残してしまう「食べ残し」があります（表4-1）。

表4-1　食品ロス対策

原因	買い物時の対策	調理時の対策
過剰除去		●皮を薄くむくなど、可食部分までとり除きすぎない。 ●皮や茎など、切り方をくふうして使いきる。
直接廃棄	●買い物の前に冷蔵庫や保管庫を確認する。 ●必要以上に買わない。	●野菜や生ものなどの傷みやすい食材はこまめに確認する。 ●賞味期限と消費期限の違いを理解する。
食べ残し		●食べきれる量を作る。 ●作りすぎた料理はリメイクする。

132

3）生活排水対策

炊事などに伴い排出される生活排水は、公共用水域の水質汚濁の主要な原因の一つとなっています。なにげなく流しているものが、大切な川や海を汚す原因となります（表4-2）。環境省では、台所における生活排水対策を提言しています（表4-3）。

表4-2　これを流すと魚がすめる水質にするにはバスタブ（300L）何杯分？

天ぷら油（使用済み　20mL）	20杯
牛乳　コップ1杯（200mL）	11杯
みそ汁　おわん1杯（180mL）	4.7杯
米のとぎ汁（1回目　500mL）	4杯
中濃ソース　大さじ1杯（15mL）	1.3杯

出典：環境省「生活排水読本 あなたが守る美しい日本の川と海・・・ひろげようキレイな水のある暮らし」

表4-3　台所における生活排水対策

- 食事や飲み物は必要な分だけ作り、飲み物は飲みきれる分だけ注ぐ。
- 水きり袋と三角コーナーを利用して、野菜の切りくずなどの細かいごみをキャッチする。
- 米のとぎ汁は植木の水やりに使用する（養分を含んでいるのでよい肥料になる）。
- 食器を洗うときは洗いおけを使用し、洗剤は適量を水でうすめて使用する。

出典：環境省 水・大気環境局「水・土壌環境行政のあらまー きよらかな水・安心快適な土づくりー」平成18年3月

SDGs目標

4）家庭用設備を使用するときの注意点

家庭用設備を使用する際は、省エネに留意しましょう。

表4-4　省エネに効果がある家庭用設備および行動

家庭用設備	省エネ行動
電気冷蔵庫	●物を詰め込みすぎない（庫内を整理する。常温で保存できるものや、未開封の缶詰め・びん詰め・調味料は入れない）。 ●熱いものは、さましてから保管する。 ●むだな開閉はしない。 ●開けている時間を短くする。 ●設定温度を適切にする（庫内温度は1〜5℃、野菜室は3〜7℃が一般的）。 ●壁から適切な間隔で設置する。
ガスコンロ	●炎がなべ底からはみ出さないように調節する。 ●なべの水滴をふきとってからコンロに置く。 ●平たいなべのほうが、丸い底のものよりも熱効率がよい。 ●コンロに点火するタイミングは、なべややかんをのせてからにする。
電気ポット	●長時間使用しないときはプラグを抜く。 ●保温は低めの温度に設定する。
ガス給湯器	●食器を洗うときは低温に設定する。 ●洗い物は溜め洗いする。
食器洗い乾燥機	●使用する際は、まとめ洗いをする。 ●適度な温度で使用する。 ●余熱で乾燥させる。

出典：省エネルギーセンターwebサイト

SDGs目標

5) ごみ対策（リデュース、リユース、リサイクル）

SDGs目標

限りある資源を持続可能に使用するためには、資源をむだに使わないようにすることと、「ごみ」を生活に役立つ「もの」や資源に戻す必要があります。循環資源の再利用等を促進するために、リデュース（Reduce）、リユース（Reuse）、リサイクル（Recycle）が行なわれています。これら3つの総称を3Rと呼びます。

表4-5　リデュース、リユース、リサイクル（3R）とは

3R	リデュース	ごみの発生を少なくすること。
	リユース	一度使用したものを、ごみにせずくり返し使用すること。
	リサイクル	ごみ等を原材料やエネルギー源として有効利用すること。

家庭から出るごみをできるだけ少なく抑え（リデュース）、さらにリユースし、それでも出るごみについては、できるだけリサイクルすることが重要です（**表4-6**）。また、地球温暖化の原因となるCO_2は、主に石炭、石油、ガスを燃やし、電気や熱などのエネルギーを作るときに発生しますが、リサイクルすることにより、資源から作るときよりもこれらのエネルギー使用量は減るため、CO_2の減少につながります。リサイクルできるごみは、ガラスびん、スチール缶、アルミ缶、ペットボトル、プラスチック製容器包装、紙です。

表4-6　消費者の視点からみた3Rの具体例

リデュース	●マイバックを持ってむだな包装は断る。 ●詰めかえ容器に入った製品や簡易包装の製品を選ぶ。 ●耐久消費材は手入れや修理をしながら長く大切に使う。 ●利用頻度の少ないものは、レンタルやシェアリングシステムを利用する。 ●耐久性の高い製品や省資源化設計の製品を選ぶ。 ●使用頻度の少ないものをシェアする。
リユース	●リターナブル容器[注1]に入った製品を選び、使い終わったときにはリユース回収に出す。 ●不用品の再使用に努める。
リサイクル	●資源ごみの分別回収に協力する。 ●資源ごみの効率的な分別回収を広める。 ●リサイクル製品を積極的に利用する。

出典：リデュース・リユース・リサイクル推進協議会webページ

注1
リターナブル容器　くり返し使用できる容器の総称。

6) 環境と効率と衛生に配慮した食事の準備計画から片づけまで

SDGs目標

将来にわたって今の食生活を維持していくためには、限りある資源を有効活用し、環境に必要以上の負担をかけないような具体的なとり組みを行なう努力が必要とされます。食事の準備から調理の過程、片づけまで、さまざまなくふうが考えられます（**表4-7**）。

134

表4-7	環境と効率と衛生に配慮した食事の準備計画から片づけまで

手順	献立例※1で具体的に考えよう
食事の計画と材料の購入 対象者、季節、食事の種類に合わせた食事の計画を行なう。 ❶保存食材をチェックする（常温、冷蔵、冷凍）。調味料や米や乾物についても忘れずに。 ❷材料を調達する。 ●購入単位の大きい食材は、賞味期限、消費期限（➡参照p.130）を確認のうえ購入する※2。 ●購入した食材を整理する。調理するまでに冷蔵が必要な食材、余分な食材は、すぐに適所に保存する。	●生鮮食品（野菜や肉・魚）。 ●少量使用するブイヨンやベーコンも確認する。
作業の手順 ●野菜などをまとめて下準備（洗浄や切断）し、複数のコンロの使用方法を具体的に考える。	●かぼちゃのわたと種をとる。 ●ほうれん草とキャベツを洗う。
実際の調理作業	
器具の洗い方のポイント ❶洗う順番：肉や魚を切ったまな板や包丁類、使用したボールやバットはすぐに洗浄し、流しの中に放置しない。→ほかの器具への2次汚染を防止。 ❷汚れの確認：調理器具の汚れは加熱時間や使用した食材によって違う。水に浸けると汚れ落ちがよいものや、熱いうちに洗うと汚れが落ちやすいものがあるが、やけどなどに注意する。ステンレスなどの金属類は、汚れが少ない場合（野菜をゆでてアクのついたなべなど）はスポンジのかたいところでこするとよい。たんぱく質がこびりついている場合（グリルなど）は、金だわしなどでこする。器具の表面加工※3、汚れの状態によって、スポンジやたわしを使い分ける。	●ブリに塩をした器具と野菜に使った器具は別々に洗う。 ●食器をふくふきんと調理台をふくふきんは分ける。
台所排水の汚れを減らすくふう ❶調理くずや食べ残しなどの生ごみは、くずとりネットなどで回収して流さない。 ❷油汚れのついた食器や器具は、新聞紙や古布で油をふきとってから洗う。 ❸洗剤の量：適正な使用量を守る。水や湯だけで汚れの落ちるものは、洗剤を使わないこともある。	●ブリの照り焼きに使用したフライパンの汚れは、紙などでふきとる。
食器の洗い方のポイント 食器や食具の洗浄や収納を考えながら下膳する。 ❶水に浸ける必要のあるもの：炊飯器の内釜や茶わんなど、汚れがとり除きやすい。 ❷注意が必要なもの：塗りものの箸やわんなど、ほかのものと重ねたり、こすれたりするといたみが早くなる※4。 ❸軽い汚れのものから先に洗う。 湯飲みやコップ類→小鉢や茶わん類→主菜の器など。	
ごみの分別・捨て方 住んでいる地方自治体のルールに従うのが基本。 生ごみ類：生ごみは水でぬらさないようにする。自治体のごみ回収までに悪臭を発生しにくくし、焼却の際もエネルギーを抑えることができる。 包装容器類：容器包装リサイクル法により、容器についているマークを参考に、リサイクル可能なもの、可燃ごみ、不燃ごみに分別する。	

※1

●ごはん
●魚のなべ照り焼き
●ほうれん草のお浸し
●かぼちゃの煮物
●野菜スープ

※2
保存食材を把握することは、効率のよい食生活や台所の収納や冷蔵庫・冷凍庫の整理整頓にも役立つ。

※3
アルマイト加工、フッ素樹脂加工などは、かたいものでこすってはいけない。

スポンジ　かたい面
やわらかい面
たわし

※4
木のわんに陶磁器を重ねてはいけない。木や漆器は傷つきやすい。

3 調理と衛生

3 衛生的な食事／環境に留意した調理

135

索引

【料理名・基礎技能】

ア行・カ行

青菜のいため物	18
洋風いり卵	15
かきたま汁	24
キャベツのいため物	16
きゅうりの輪切り	10

サ行・タ行

じゃが芋の皮むき	6
じゃが芋のサラダ	21
大根と油揚げの煮物	12
大根のいちょう切り	12
大根のみそ汁	26
ドレッシング	11

ナ行・ハ行

ブロッコリーのサラダ	20
ほうれん草のお浸し	22

マ行・ヤラワ行

目玉焼き	14
もやしとハムのいため物	19
りんごの皮むき	8

【その他の項目名】

ア行

IH	86
アク	79、104、105
揚げる	81、96
味の相互作用	119
アスタキサンチン	94
厚揚げ	103
油揚げ	26、103
甘味	119

アミノカルボニル反応	113
アミノ酸	37
アミロース	87
アミロペクチン	87、88
あら塩	112
アントシアニン	101、106
EPA	37、46、94
いしる	113
イソフラボン	47
いため物	16、18、19、81
いためる	81
一汁三菜	53、65
一汁二菜	53、65
いちょう切り	12
芋	107
ウイルス性食中毒	125
うしお汁（潮汁）	96
うま味	119
うるち米	87、88
エイコサペンタエン酸	37、46、94
衛生	121、135
HDLコレステロール	50
栄養素	34、41
n-3系脂肪酸	37
n-6系脂肪酸	37
エネルギー	34、36、40、42
エネルギー産生栄養素	34
エネルギー産生栄養素バランス	42
エネルギー必要量	35
LDLコレステロール	50
エンプティーカロリー	50
オーブン	86
陸あげ	20、105
おせち料理	29
お浸し	20、22

カ行

解凍	79
化学性食中毒	125
可食部	17、115
褐変	79、108
家庭用冷凍冷蔵庫	79、85
加熱調理	79、95
カルシウム	38
カロテノイド	106
カロリー	35
皮むき	6
環境	132、135
乾式加熱	79
間食	61
間接焼き	80、95
感染型食中毒	126
かんてん（寒天）	110
乾物	118
生あげ	20、105
寄生虫	125
キャベツ	16
牛肉	92
牛乳	99
きゅうり	10
行事食	70
共食	32
郷土料理	29
強力粉	90
魚介	94
果物	110
クリーム	100
グルタミン酸	82
グルテン	90
クロロフィル	106
計量	2、78、114
計量カップ	2

計量スプーン	2、3
ゲル化剤	110
嫌気性菌	129
玄米	87
好気性菌	129
凍り豆腐（高野豆腐）	103
糊化	88
5基本味	119
小口切り	10
穀類	87
孤食	32
五大栄養素	34
小松菜	18
小麦粉	90
米	81、87、88
米粉	89
コラーゲン	92、93、96、111
コレステロール	37、45
献立	60、62

サ行

SV	56
サービングサイズ	56
細菌性食中毒	125、126
さいの目切り	12
菜箸	85
殺菌	124
さつま芋	108
砂糖	113
サラダ	20
ざる	84
三色食品群	43
酸味	119
塩	112
塩味	119
直火焼き	80、95

脂質	34、36、42
自然毒	125
湿式加熱	79
推定平均必要量	41
脂肪酸	37
じゃが芋	6、21、108
主菜	53、55、60、71
主食	54、60、71
旬	69
食塩	112
脂溶性ビタミン	38
消費期限	130
賞味期限	130
正味重量	17、115
しょうゆ	112
食塩相当量	42
食事バランスガイド	56
食事マナー	66、68
食習慣	30
食酢	114
食中毒	121、125、126
食品群	43、51
食品構成	51、60
食品の概量	51、52
食品表示	130
食品ロス	132
植物性油脂	37、110
食文化	29、64
食物繊維	36
食器	53、74、75、76
しょっつる	113
汁物	24、56、60
浸漬	79
す	80
吸い口	71
推奨量	41

水素イオン濃度	128
炊飯	81
水分活性	127
水溶性ビタミン	38
す立ち	80、98、102
3R	134
西洋料理	75
生活習慣病	33、42
精製塩	112
ゼラチン	93、96、111
洗浄	78
属人器	67、74
ソラニン	7、108

タ行

体格指数	40
大根	12、26
大豆	101
耐容上限量	41
炊く	81
だし	82
卵	14、15、24、97
玉じゃくし	25
短冊切り	12
淡色野菜	47、103、105
炭水化物	34、37、42
たんぱく質	34、36、42
チーズ	100
中国料理	76
中性脂肪	37
中力粉	90
朝食	30
朝食欠食率	30
調味	112、115
調味パーセント	115、116、118
調理器具	84

通性嫌気性菌	129
つけ合わせ	55、72
手洗い	122、124
DHA	37、46、94
鉄	38
電磁調理器	86
電子レンジ	86
でんぷん	87、88、109
天盛り	72
ドウ	90
糖質	36
豆腐	102
動物性油脂	37、110
毒素型食中毒	126
ドコサヘキサエン酸	37、46、94
鶏肉	92
とろみづけ	25、91、109

ナ行

納豆	103
ナトリウム	38
斜め切り	10
なべ	84
ナンプラー	113
苦味	119
煮切る	114
肉	92
煮こごり	96
日本人の食事摂取基準	40
日本料理	74
乳・乳製品	99
ニョクマム	113
煮る	80、96

ハ行

胚芽精米	87

廃棄率	115
配膳	74、75、76
薄力粉	90
箸	66
バッター	90
ハム	19
BMI	40
非加熱調理操作	78
微好気性菌	129
ビタミン	34、38
必須アミノ酸	37
必須脂肪酸	37
拍子木切り	12
フードプロセッサー	85
副菜	53、56、60、71
豚肉	92
フライ返し	85
フライパン	84
フラボノイド	106
フレイル	41
ブロッコリー	20
プロテアーゼ	110
ペースト	90
pH	128
ペクチン	104、110
膨化	91
包丁	4、84
ほうれん草	22
ボール	84
ポリフェノール	106、109

マ行

前盛り	72、96
マスキング	113
マスキング効果	113
まな板	5、84

豆類	101
マンニトール	83
ミオグロビン	92、94
身支度	121
水	39
水ときかたくり粉	25
みそ	26、113
ミネラル	34、39
みりん	114
無形文化遺産	64
蒸す	80、96
無洗米	87
6つの基礎食品群	43
目安量	41、51、57、58
目標量	41
もち米	87、89
もどし倍率	118
もやし	19
盛りつけ	71、95、96、124

ヤ行

焼く	80、95
野菜	103
野菜いため	16
ヤラピン	109
油脂	110
ゆで湯	20、106、109
ゆでる	79
ゆば	103
ヨーグルト	101
4つの食品群	44、51、52

ラ行

乱切り	10
リサイクル	133
リデュース	133
リユース	133
緑黄色野菜	47、48、103、105
りんご	8
リン脂質	37
ルウ	91
冷凍	79
老化	88

ワ行

輪切り	10
和食	64

参考資料

栄養と調理技能検定2級・準1級・1級　審査基準

　2級、準1級、1級の審査基準は、健康な食生活を営むための知識がさらに必要とされます。準1級、1級では、自分の日常の料理が作れることに加えて、家族や身近な人の健康を維持し、正しい食事とは何かを伝える力を養うこともめざしています。

　これらの級では、3級までの内容を理解しているものとして出題されるので、3級を学習した人は、ぜひ上級の取得をめざしましょう。

2級　健康で安全な食生活で求められる専門的な知識をもって、「切る」、「むく」および日常の料理を作ることができる

領域		内容	出題範囲
知識試験（一次）	食生活と栄養	食生活と社会・環境との関わりを理解している	食生活と社会・環境との関わり
			健康と食生活の課題
			日本の健康増進の対策
		健康と栄養・食事との関係を理解している	栄養素の種類とその働き
			日本人の食事摂取基準
			食品の分類 　4つの食品群
		ライフステージごとの栄養・食事を理解している	1日分の献立作成
			健康・栄養状態の特徴
			食事の特徴
		食文化と料理の特徴を理解している	日本の食文化
			日本の季節の料理と行事食
			盛りつけと配膳
	調理と衛生	基本的な調理方法を理解している	下処理、非加熱調理、加熱調理
			調理器具の扱い方、加熱調理機器等の特徴
		食品の調理特性を理解している	穀類、肉類、魚介類、卵類、乳類、野菜類、芋類、果物類、油脂類　他
		調味を理解している	調味のタイミング
			調味の割合
		食事を衛生的に整えるための基礎的内容を理解している	食品衛生の基本 　食中毒を起こす細菌、ウイルス、原因物質
			食品の表示
			環境に留意した調理
実技試験（二次）	基礎技能	基本的な包丁技術「切る」「むく」を有している	薄切り 　不定形食材で、2mm以下の均一な厚さの薄切りができる
			せん切り 　繊維にそって、均一な幅・厚さのせん切りができる
			みじん切り 　5mm以下の均一な大きさのみじん切りができる
			皮むき 　むき残し無く、なめらかに皮むきができる
	調理技能	自分の食事を作ることができる	1食分の献立のうち、複数の食材を使った料理1品の作成 　適切な下処理ができる 　適切な加熱状態に仕上げられる 　適切な調味ができる 　適切な盛りつけができる

141

準1級 健康で安全な食生活で求められる高度な専門的知識をもって、目的に応じた献立・調理ができる

領域		内容	出題範囲
知識試験（一次）	食生活と栄養	食生活と社会・環境との関わりを理解している	食生活と社会・環境との関わり
			健康と食生活の課題
			食料の生産・流通と環境との関わり
			日本の健康増進の対策
		健康と栄養・食事との関係を理解している	日本人の食事摂取基準
			食品の分類
		対象者の食事改善の課題を、栄養素レベル、食品レベル、料理レベルで説明できる	栄養素、食品、料理のつながりを踏まえた食事のアセスメント
			1日分の献立作成
		対象者に応じた栄養・食事を理解している	ライフステージ別の食事計画
			生活習慣病予防の食事計画
		食文化と料理の特徴、供食形式を理解している	日本の食文化
			日本の季節の料理と行事食
			世界の代表的な食文化
			供食の形式
	調理と衛生	食品の特徴を理解し、調理に展開できる	食品の調理特性
			各調理法、調理器具の特徴
			食品加工と貯蔵
		調味の標準化を理解している	調味のタイミング
			調味の割合
		食事を衛生的に整えるための基礎的内容を理解している	食中毒、食品添加物　他
			食品の表示
実技試験（二次）	基礎技能	各種の包丁技術「切る」「むく」を身につけている	薄切り 　不均一な（内外差のある）硬さの食材で薄切りができる
			短冊切り 　均一な大きさの短冊切りができる
			せん切り 　3mm以下の均一なせん切りができる
			皮むき（丸むき） 　連続した均一の厚みで、球形食品の皮むきができる
		魚の下処理ができる	魚のツボ抜き・手開き 　衛生的に、簡単な魚の下処理ができる
	調理技能	ライフステージを考慮した日常の食事を作ることができる	指定された料理で構成された日常の1食分の献立の料理の作成 　指定された複数の料理を適切に仕上げられる 　適切な調味ができる 　適切な盛りつけ、配膳ができる

1級 健康で安全な食生活で求められるより高度な専門的知識を生かし、対象者に応じた献立・調理を実践できる

	領域	内容	出題範囲
知識試験（一次）	食生活と栄養	食生活と社会・環境との関わりを説明できる	食生活と社会・環境との関わり
			健康と食生活の課題
			食料の生産・流通と環境との関わり
			日本の健康増進の対策
		健康と栄養・食事との関係を説明できる	日本人の食事摂取基準
			食品の分類
		対象者の食事改善のためのアセスメントをし、その結果に基づく食事改善が提案できる	食事のアセスメントと食事改善計画
			連続した複数日の献立作成
		対象者に応じた食事計画を作成できる	ライフステージ別の食事計画
			生活習慣病予防の食事計画
		食文化と料理の特徴、供食形式を説明できる	食文化と歴史
			世界の代表的な食文化
			季節の料理と行事食、郷土料理等
			供食の形式
	調理と衛生	日本料理、西洋料理、中国料理の特徴を理解し、説明できる	各調理の特徴、および代表的な料理
			家庭における日常食や供応食
		調味の標準化を説明できる	多様な調味料の調味割合
		食事を衛生的に整えるための基礎的内容を説明できる	衛生と安全を考えた調理
実技試験（二次）	基礎技能	高度な包丁技術「切る・むく・おろす」を有している	せん切り 　2mm以下の均一なせん切りができる
			かつらむき 　均一な薄さのかつらむきができる
			魚の三枚おろし 　一尾魚をおろすことができる
	調理技能	対象者に応じた目的別の食事を作ることができる	指定された条件や材料と調理法を取り入れた和食1食分の献立の料理の作成 　指定された場面設定にそって、嗜好性が高く、品質のよい 　　料理が作れる 　合理的な調理操作ができる 　日本の食文化の継承・伝達ができる

参考資料

143

監修	香川明夫（栄養と調理技能検定会長）	
編	栄養と調理技能検定専門委員会	
執筆・協力	石田裕美、上西一弘、奥嶋佐知子、長田早苗、恩田理恵、 児玉ひろみ、小西史子、駒場千佳子、西念幸江、佐藤智英、 鈴木布由実、竹内由紀子、豊満美峰子、平井昭彦、 廣末トシ子、松田早苗、松田康子、柳沢幸江（五十音順）	
装丁	大薮胤美（フレーズ）	
デザイン	尾崎利佳・岩瀬恭子（フレーズ）、五十嵐順子	
イラスト	木本直子、横田洋子	
写真	川上隆二、古島万里子	
スタイリング	片野坂圭子	
編集	丸山みき・柿本ちひろ（SORA企画）、大森奈津	
DTP	有限会社 天龍社	
校正	くすのき舎	

栄養と調理技能検定公式サイト　https://www.ryouken.jp

料理の基本をマスターし、食と健康の基礎を学ぶ
栄養と調理技能検定公式ガイド 3級
2025年4月1日　初版第1刷発行

監修	香川明夫
編	栄養と調理技能検定専門委員会
発行者	香川明夫
発行所	女子栄養大学出版部 〒170-8481　東京都豊島区駒込3-24-3 電話 03-3918-5411（販売）03-3918-5301（編集） ホームページ　https://eiyo21.com 振替　00160-3-84647
印刷・製本	中央精版印刷株式会社

乱丁本・落丁本はお取り替えいたします。
本書の内容の無断転載・複写を禁じます。また、本書を代行業者等の第三者に依頼して電子
複製を行うことは一切認められておりません。

ISBN978-4-7895-6026-9
ⓒ Kagawa Education of Nutrition 2025, Printed in Japan